看漫画
学知识

13岁之前
你要知道的事
女孩的心与身

〔日〕山形照惠◎著
赵梓珊◎译

北京科学技术出版社
100层童书馆

著作权合同登记号　图字：01-2024-2331

图书在版编目（CIP）数据

女孩的心与身 ：13 岁之前你要知道的事 / （日）山形照惠著 ；赵梓珊译. -- 北京 ：北京科学技术出版社，2024. -- ISBN 978-7-5714-4178-4

Ⅰ. G479-49

中国国家版本馆 CIP 数据核字第 2024077QV3 号

特约策划：红点智慧
策划编辑：余佳穗
责任编辑：吴佳慧
营销编辑：赵倩倩　刘叶函
责任印制：吕　越
出 版 人：曾庆宇
出版发行：北京科学技术出版社
社　　址：北京西直门南大街 16 号
邮政编码：100035
电　　话：0086-10-66135495（总编室）　0086-10-66113227（发行部）
网　　址：www.bkydw.cn
印　　刷：三河市华骏印务包装有限公司
开　　本：880 mm × 1230 mm　1/32
字　　数：59 千字
印　　张：4.75
版　　次：2024 年 12 月第 1 版
印　　次：2024 年 12 月第 1 次印刷
ISBN 978-7-5714-4178-4

定　　价：69.00 元

北科读者俱乐部

序　言

每个女孩到了一定的年龄都会有一个需要与之长期相处的伙伴——月经。

那么，女孩为什么会来月经呢？

用一句话来说就是——为了延续生命。

月经来潮是女性生殖器官成熟的标志之一。

女孩每个月来月经的那段时间，可能身体不适、情绪不稳定。但是，不要把月经看作什么脏东西，它是神秘且自然的存在。希望你在读完这本书后能够正确看待月经，意识到月经的重要性。

还有，来月经后，身体和心理都在慢慢成熟的你，是不是开始关注身边的某个男孩？不要感到害羞，更不要为此自责，因为

这是青春期女孩的正常表现。

为了平稳度过青春期，你要做的就是聆听自己内心和身体的声音，接受自己身体的变化，成为珍爱自己的女孩。

山形照惠

致家长

直接跟女儿说“我们来聊聊月经”，是很难的吧？

我写这本书的目的之一就是想为您创造一个和处于青春期的女儿交流的契机。

青春期的女孩是非常敏感的。因此，让您的女儿知道要好好爱护自己的身体和心灵是非常重要的。

“为什么生命很珍贵？”“为什么要照顾好自己的身体？”“如何照顾好自己的身体？”这些问题回答起来并没有那么容易，需要您和孩子有一定的知识储备。

如果您能借此机会与女儿分享爱护身心的重要性，我将感到非常高兴。

目　录

第二章

身体和心理逐渐成熟

第三章
对异性感到好奇是一件正常的事

第四章
你应该知道的关于性的事

主要登场人物

小步

小学六年级学生，心地善良，性格开朗。家里还有爸爸、妈妈、弟弟，一共四口人。

快乐兔

由小步最喜欢的发圈变成的神秘小兔子，会回答很多关于青春期的问题。

出生地：生命之国

特点：笑容灿烂

第一章

终于来了！

手捧这本书的你，是不是已经来月经了？月经的出现非常重要，这意味着你的身体和心理进入了一个新的状态。下面，跟我们一起来好好认识月经、了解月经吧。

终于来了?!
妈妈！小兔子发圈在哪里呀？
嗵嗵嗵
找到了，在这儿呢！
好痛！
好奇怪呀。从早上开始，肚子就一直不舒服。
哎哟！你是不是吃了不干净的东西？
我也不知道，就是隐隐作痛……

啊？哎呀！
你是不是要来月经了？
我出门啦！
哎呀！不会的，不会的……
卫生间
啊——血！内裤上有血！
怎么办？

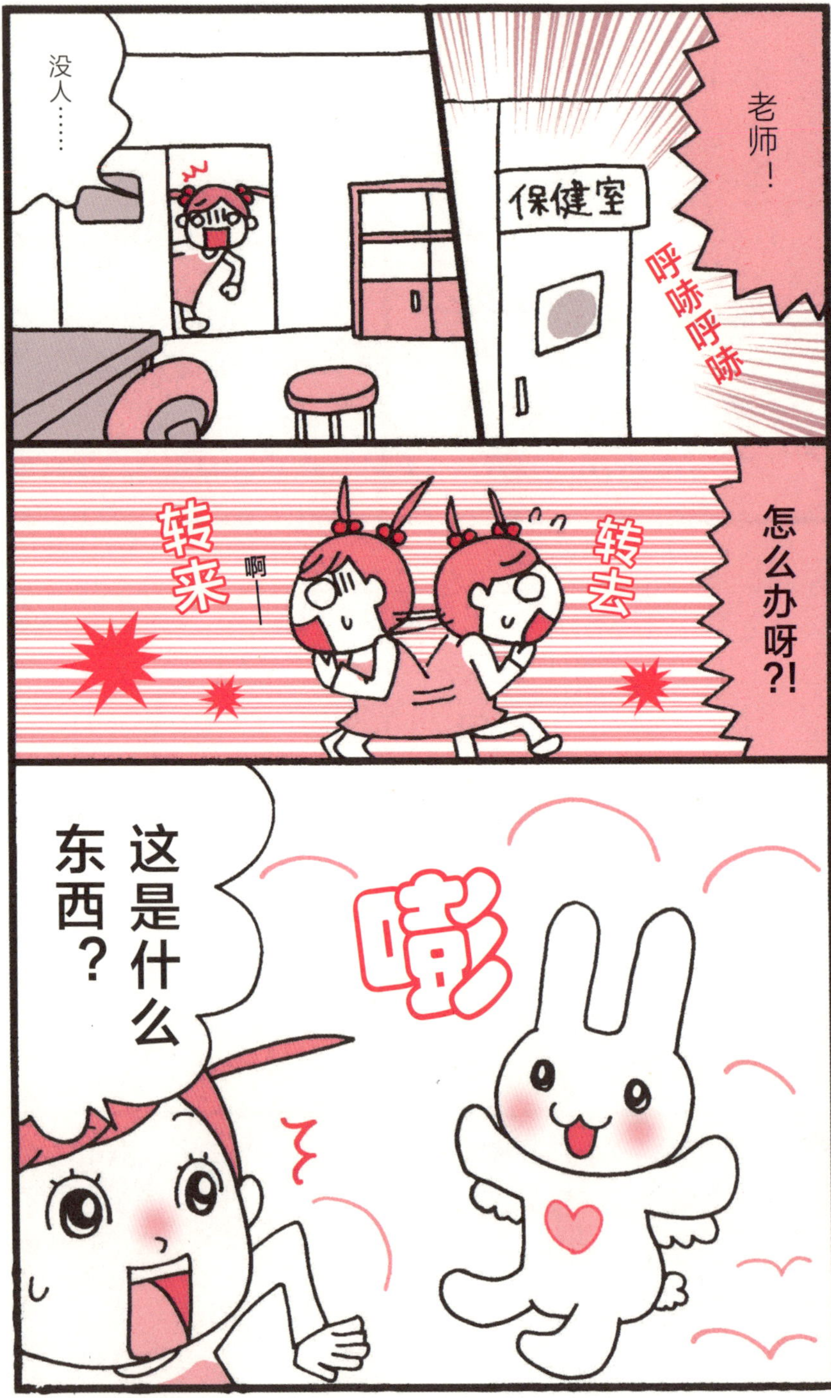
老师！
保健室
呼哧呼哧
没人……
怎么办呀?!
转去
转来
啊——
嘭
这是什么东西?

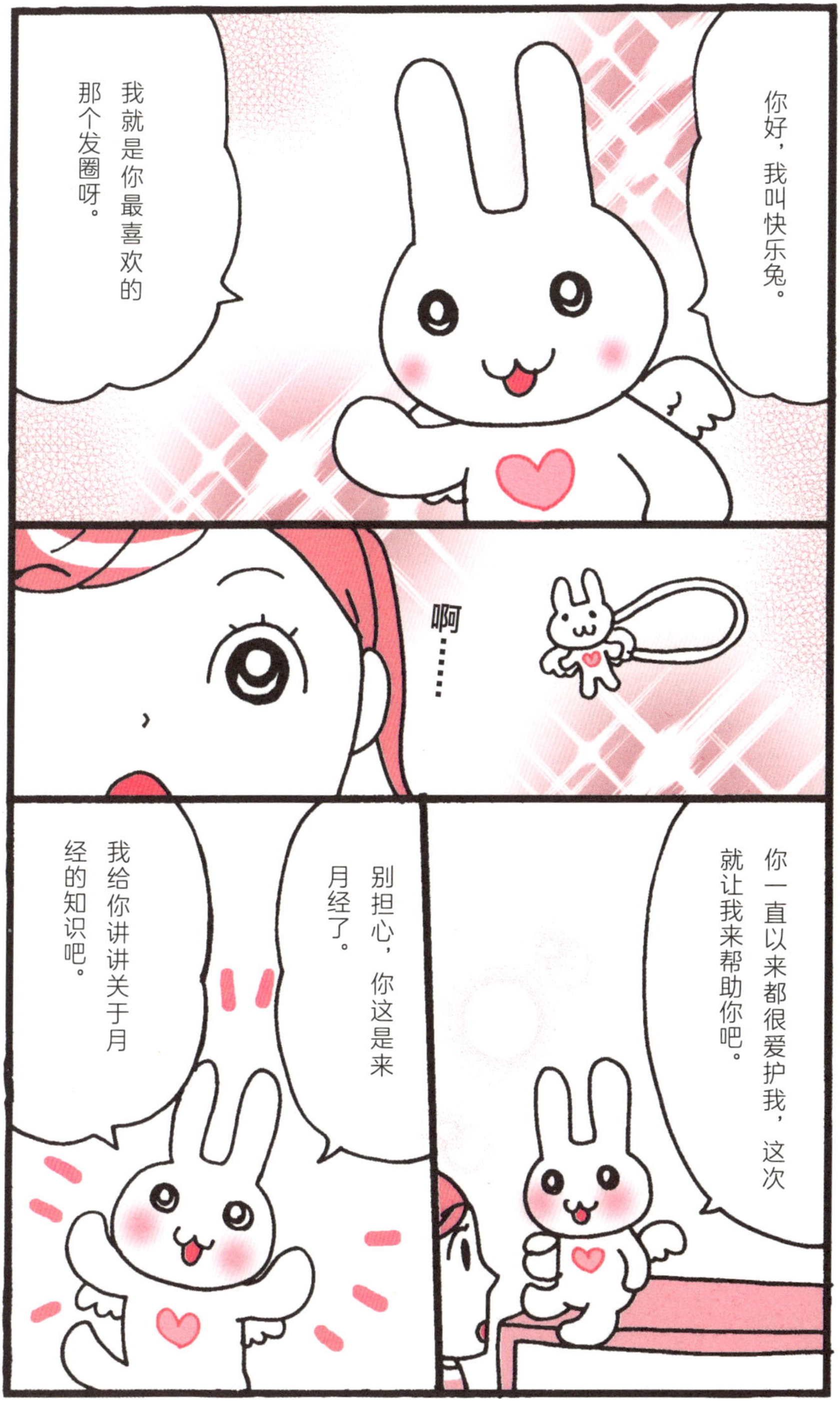
你好，我叫快乐兔。
我就是你最喜欢的那个发圈呀。
啊……
你一直以来都很爱护我，这次就让我来帮助你吧。
别担心，你这是来月经了。
我给你讲讲关于月经的知识吧。

一般来说，青春期的女孩都会来月经。
首先，我想让你知道的是，月经不是脏东西，来月经也不是一件丢脸的事情！
来月经是身体健康、有活力的表现！
元气满满
弹
这代表你开始成为成熟的女性。
是吗？
对呀！要想弄明白这一点，我们得先弄清楚你是怎么出生的。

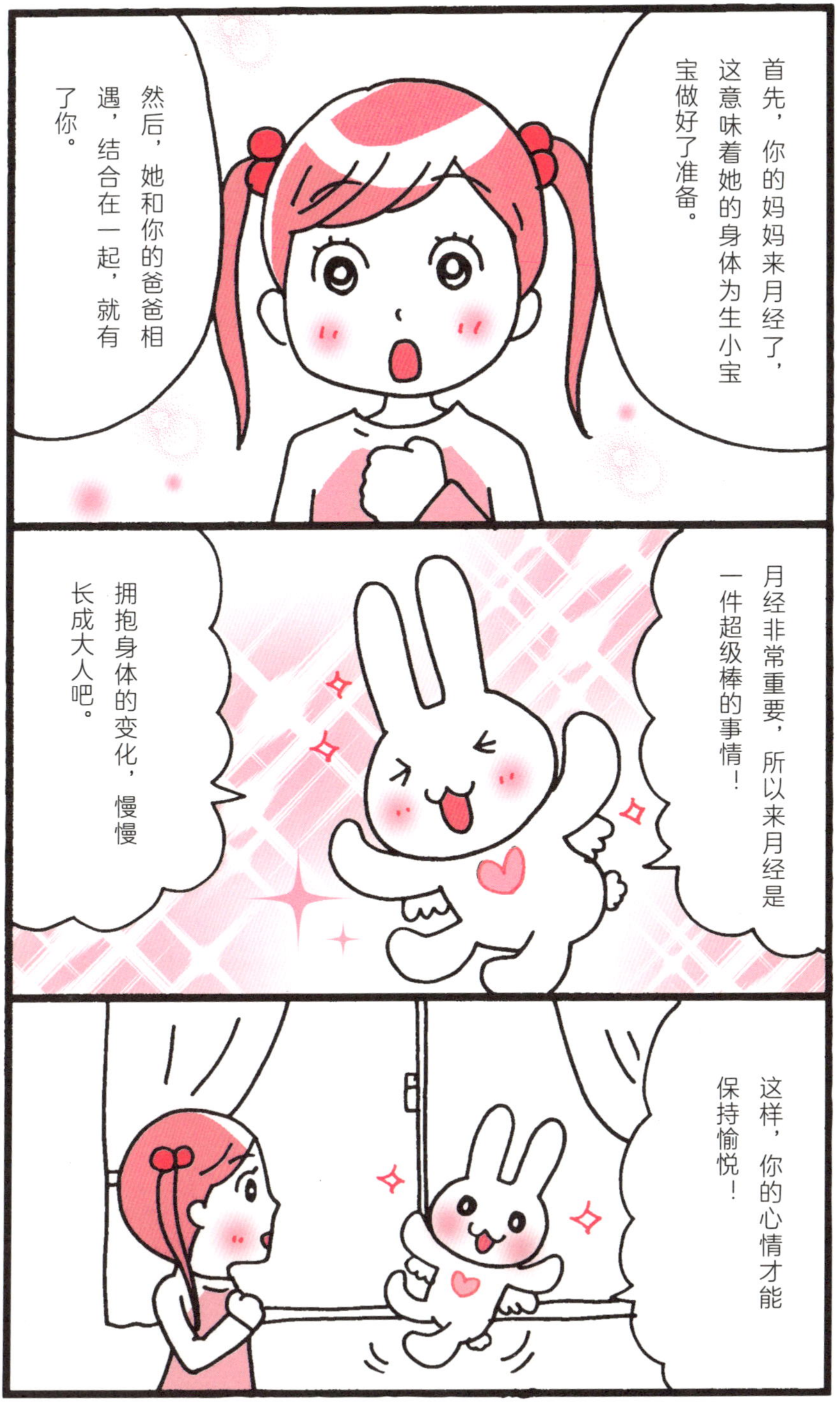
首先，你的妈妈来月经了，这意味着她的身体为生小宝宝做好了准备。
然后，她和你的爸爸相遇，结合在一起，就有了你。
月经非常重要，所以来月经是一件超级棒的事情！
拥抱身体的变化，慢慢长成大人吧。
这样，你的心情才能保持愉悦！

你以后要是有关于月经的问题，就在心里呼唤我。
啵
任何时候我都可以来帮助你！
快乐兔……
哎呀，不好意思！我刚才去了一趟……
恭喜！恭喜！
你这是来月经了。
来，给你卫生巾。
你如果有什么需求，随时都可以来保健室找我。

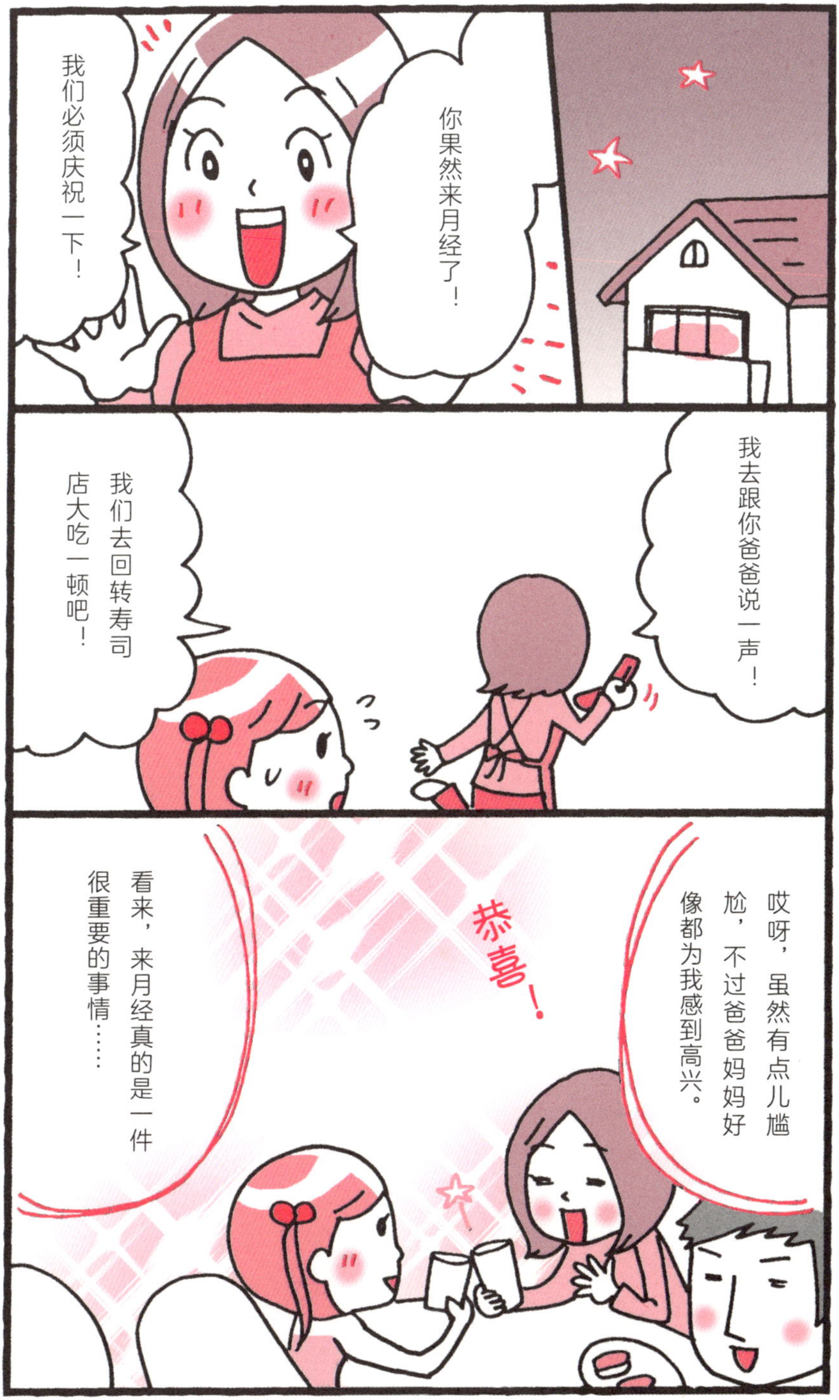

你果然来月经了！
我们必须庆祝一下！
我去跟你爸爸说一声！
我们去回转寿司店大吃一顿吧！
哎呀，虽然有点儿尴尬，不过爸爸妈妈好像都为我感到高兴。
恭喜！
看来，来月经真的是一件很重要的事情……

卫生巾的种类

你去超市就可以看到一排一排的卫生巾。卫生巾有不同的种类，你可以多试试，看看哪种适合你。

普通日用（带护翼）

可以防侧漏，让人安心。
出血量较多时使用。

普通日用（无护翼）

长 20 ～ 25 厘米。
出血量正常时使用。

护垫

短而薄。
出血量较少时使用。

量多日用 / 夜用

长 25 ～ 40 厘米。可以覆盖到内裤后部，防漏效果更好。

凹槽有利于吸收经血。

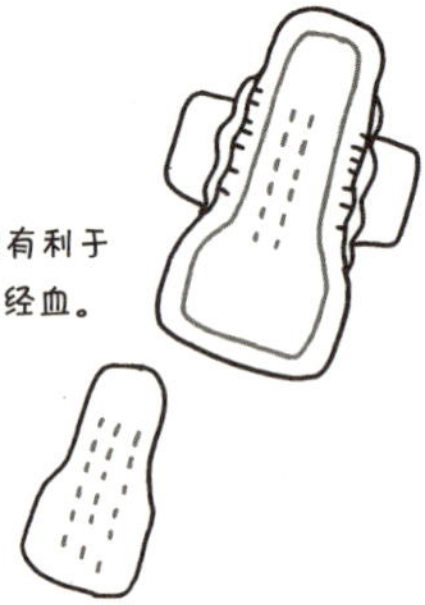

立体护围完美贴合臀部，能够彻底防漏！

突然来月经了怎么办？

如果在学校里突然来月经了，不要慌，先在内裤上垫几层纸巾，然后马上去保健室找老师拿卫生巾换上就好了。

如果裤子上沾了血迹，可以在腰间系一件上衣遮挡一下。

经期内裤：月经来了也安心

月经期间，你可以穿经期内裤，带有防水布料的经期内裤能更好地防止月经侧漏，让人更安心。在来月经之前准备好经期内裤。

普通经期内裤

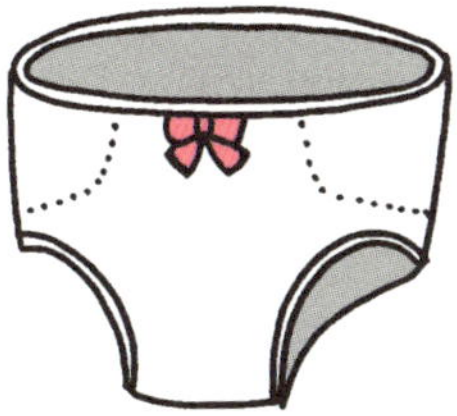

也有内侧缝有口袋的款式！

内部示意图

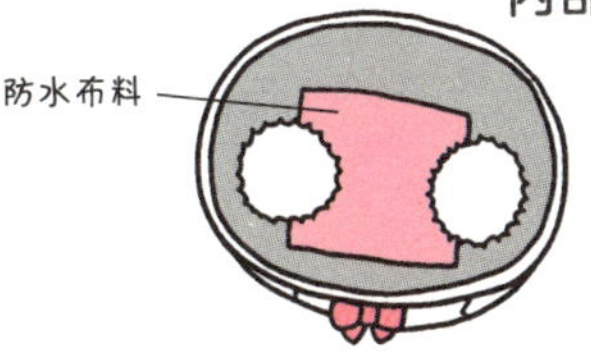

多于夜间使用

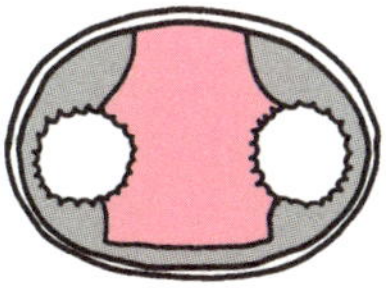

防水布料能覆盖臀部，让人安心。

适合带护翼卫生巾的经期内裤

内裤侧面示意图

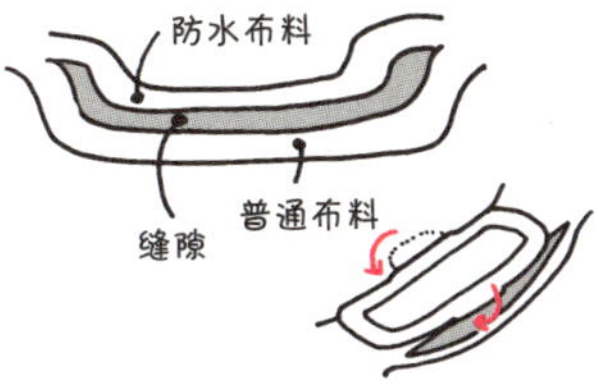

可以把卫生巾的护翼贴在缝隙中。

双层布料的设计，有助于你把卫生巾的护翼藏起来。

保暖腰带也有缝有口袋的款式！

来月经的时候，可以围一条有口袋的保暖腰带，并在腰带的口袋中贴一张暖贴，让小腹暖和起来。

正确使用和弃置卫生巾的方法

错误地使用卫生巾，会导致月经侧漏。考虑到清洁人员和在你之后使用卫生间的人，你应该将使用过的卫生巾包好之后再扔进垃圾桶。

1

坐在马桶上，把内裤褪至膝盖以下，撕开卫生巾的包装。包装纸不要扔，之后还要使用。

2

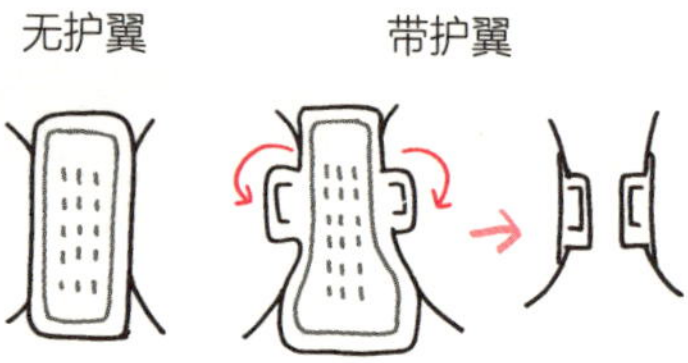

将卫生巾贴到内裤裆部。如果用的是带护翼的卫生巾，把护翼向后折并贴到内裤上。

3

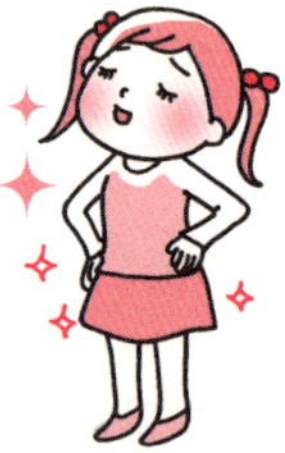

将内裤整理好，以免卫生巾移动。

4

用之前留下的包装纸把换下来的卫生巾包裹起来。

5

将包好的卫生巾扔进垃圾桶里。

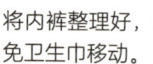

携带卫生巾的方法

直接拿着卫生巾去卫生间感觉有点儿尴尬？我来教你一些方法，避免你在这种时候被周围的人注意到。

用手帕包起来

用手帕把卫生巾包起来，这样谁都看不出来你拿的是卫生巾了。

在裙子内侧缝一个小口袋

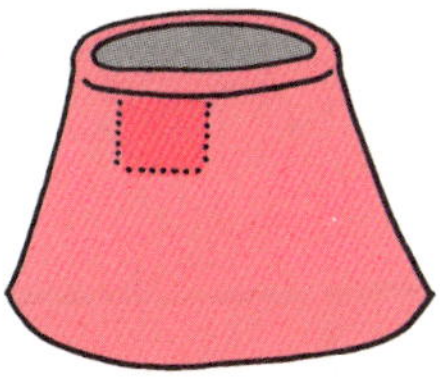

在裙子内侧缝一个可以装 2 片卫生巾的小口袋。来月经的时候，尽量穿黑色或者深蓝色的裙子，这样就算月经侧漏，别人也看不出来。

小知识　对身体和环境都友好的棉布卫生巾

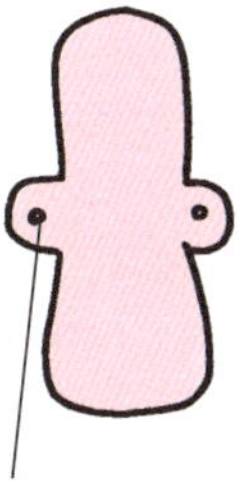

通过护翼上的纽扣固定。

你知道女性从初潮到绝经约 40 年的时间里，要使用多少片卫生巾吗？如果按照经期平均每天用 6 ~ 7 片卫生巾来算，一位女性一生大概要使用 2 万片卫生巾！市面上的卫生巾很多是用化学纤维制作而成的，容易过敏的人使用这样的卫生巾皮肤会发痒、起疹子……

而棉布卫生巾就像内裤一样，在清洗后可以重复使用。它由天然材料制成，不刺激皮肤，使用它还有利于保护环境。更重要的是，沾上血后，用冷水很容易就能洗干净。总之，棉布卫生巾非常值得一试！

总是很在意，心完全静不下来！
来月经的第二天
不知道为什么，总是很在意卫生巾的存在！
从椅子上一站起来，就感觉经血『哗』地涌了出来。
哗
肚子一直很痛，好难受！

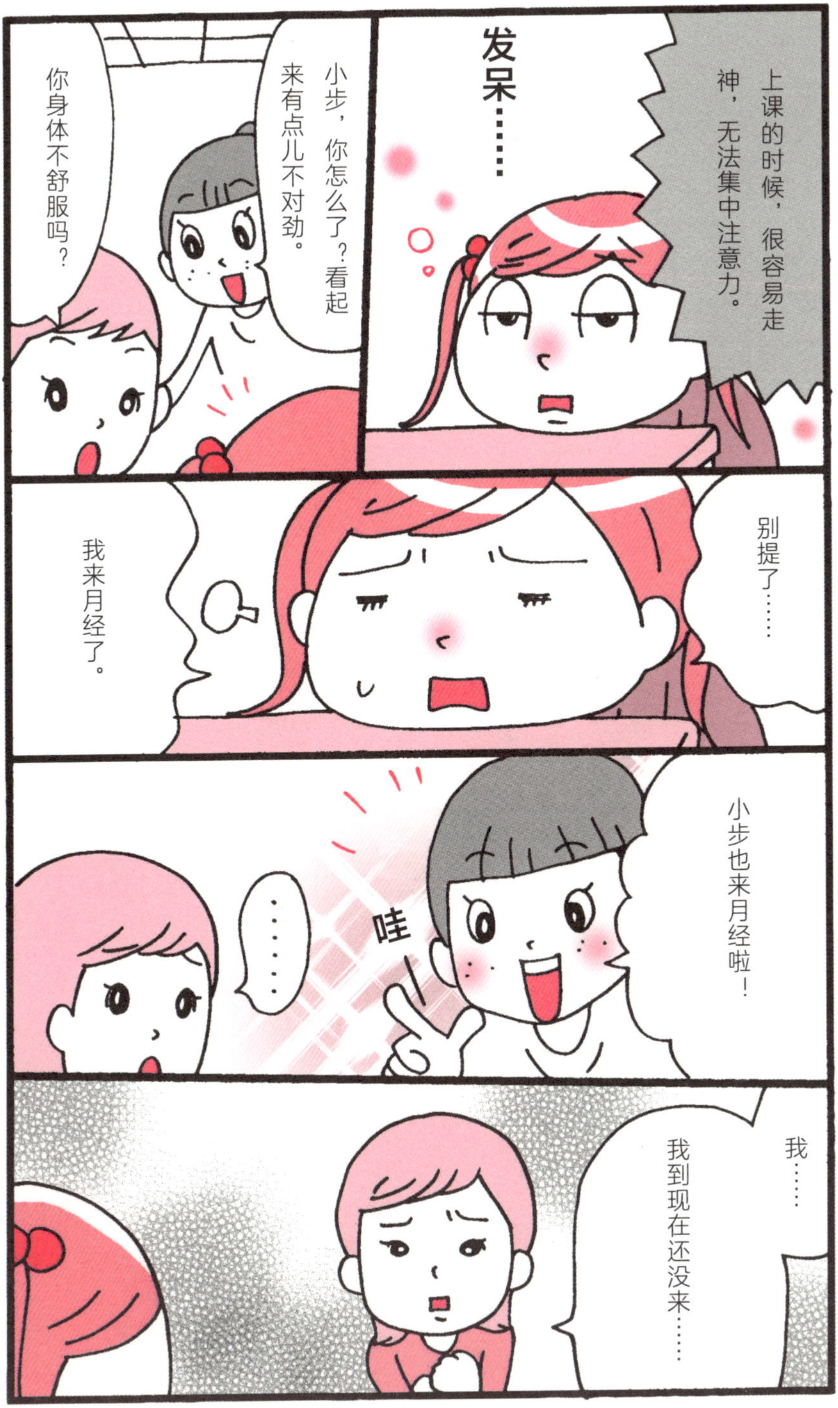

上课的时候，很容易走神，无法集中注意力。
发呆……
小步，你怎么了？看起来有点儿不对劲。
你身体不舒服吗？
别提了……
我来月经了。
小步也来月经啦！
哇
……
我……
我到现在还没来……

啊——
没来月经前，我也很羡慕那些来了月经的女孩，我知道你现在的心情。
但是，来月经后身体会不舒服，所以来月经不是什么好事！
嗯……
这么说，也没有什么安慰作用。
怎么办呀——
快乐兔，快来帮帮我！
嘭

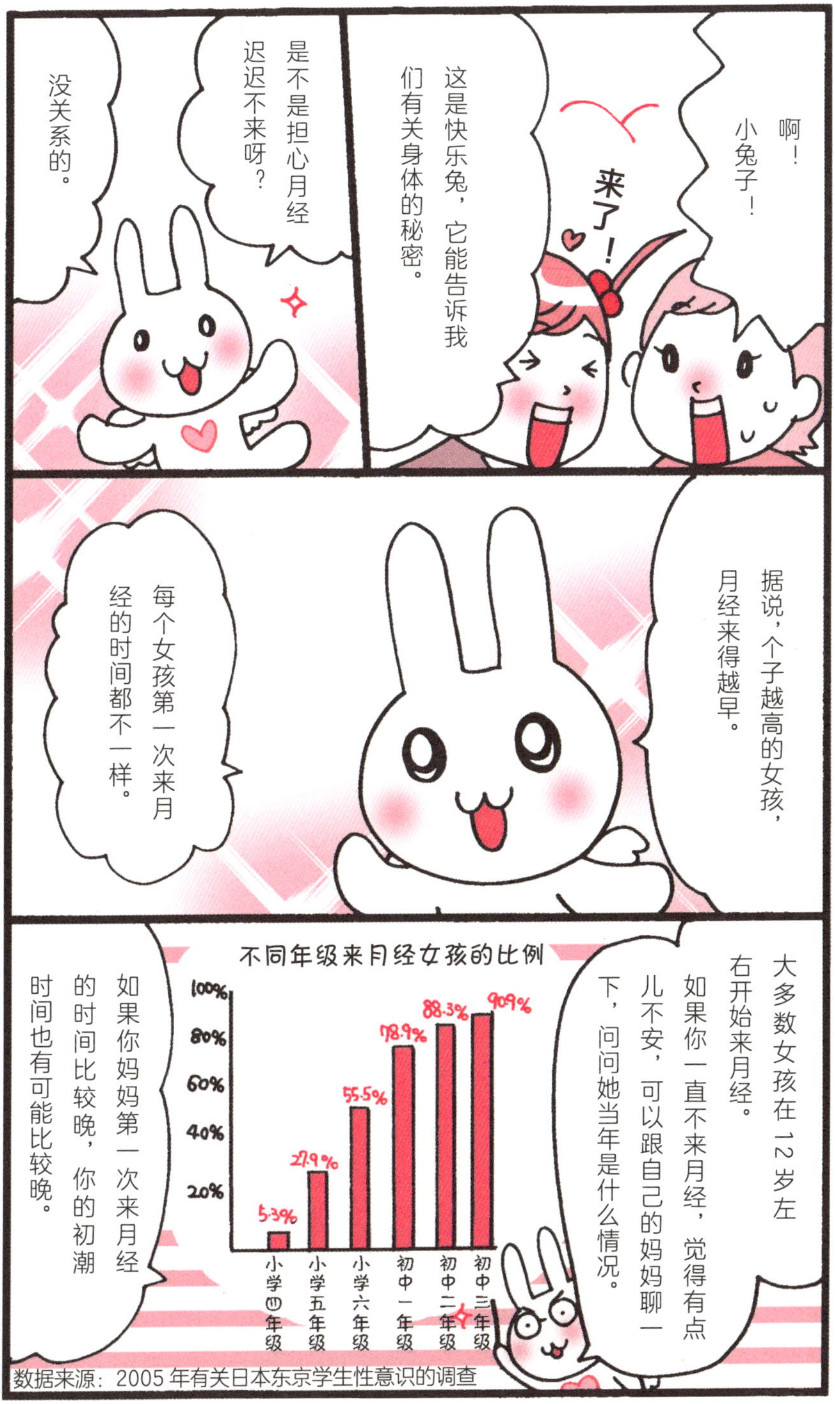
啊！小兔子！
来了！
这是快乐兔，它能告诉我们有关身体的秘密。
是不是担心月经迟迟不来呀？
没关系的。
据说，个子越高的女孩，月经来得越早。
每个女孩第一次来月经的时间都不一样。
大多数女孩在 12 岁左右开始来月经。
如果你一直不来月经，觉得有点儿不安，可以跟自己的妈妈聊一下，问问她当年是什么情况。
不同年级来月经女孩的比例
100%
80%
60%
40%
20%
5.3%
27.9%
55.5%
78.9%
88.3%
90.9%
小学四年级
小学五年级
小学六年级
初中一年级
初中二年级
初中三年级
如果你妈妈第一次来月经的时间比较晚，你的初潮时间也有可能比较晚。
数据来源：2005 年有关日本东京学生性意识的调查

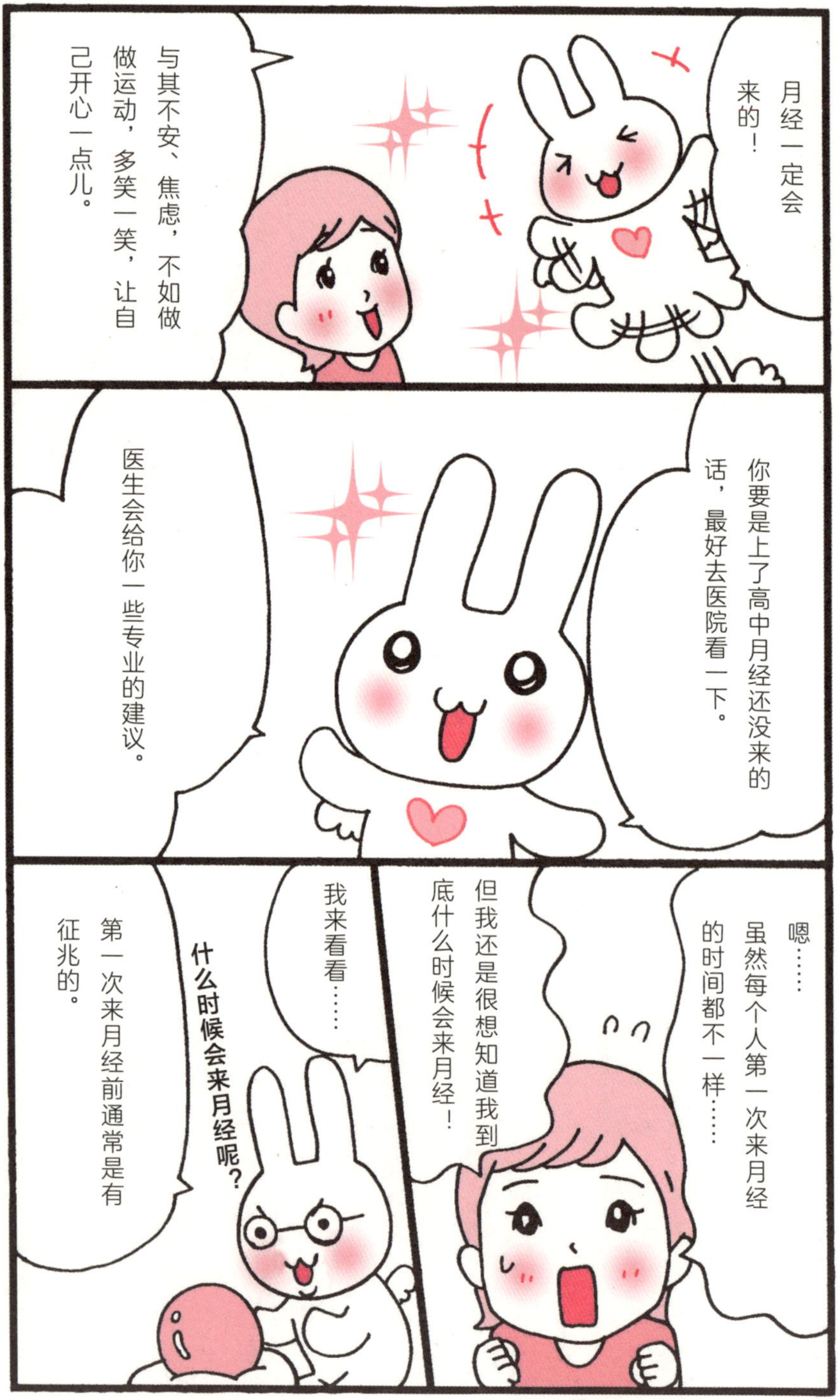
月经一定会来的！
与其不安、焦虑，不如做做运动，多笑一笑，让自己开心一点儿。
你要是上了高中月经还没来的话，最好去医院看一下。
医生会给你一些专业的建议。
嗯……虽然每个人第一次来月经的时间都不一样……
但我还是很想知道我到底什么时候会来月经！
我来看看……
什么时候会来月经呢？
第一次来月经前通常是有征兆的。

比如，
个子突然长高，
体重突然增加。
乳房开始发育，
乳晕的颜色开始变深。
私处开始长出阴毛。
另外，白带（阴道分泌的白色
或淡黄色黏液）也会增多，粘
在内裤上。
这时，你可以使用护垫或者穿经
期内裤。
这些都是月经快来的征兆，
出现这些情况，不要担心。
来了！
然而，月经也可能在毫无征兆
的情况下突然到来。但一开始
就出很多血的情况比较少见，
所以你也不用太担心。

你要是感觉快来月经了，就在包里放一片卫生巾备用吧。
好！我会的。
因初潮迟迟不来而感到焦虑是可以理解的，但是没必要和别人比较。
因为每个人的身体都有自己的发育节律。
谢谢快乐兔！我会耐心等待的。
记住，每个人开始来月经的时间都是不一样的！

快乐度过经期的方法

在经期，最重要的就是好好照顾自己！下面是几个小妙招。

多笑一笑

在经期，你是不是有点儿闷闷不乐的？这种时候，就算没有什么特别开心的事，也要多笑一笑。即使是假笑，也可以骗过大脑，让大脑分泌令你感到愉快的激素。

适量运动

此时的你不要做高强度的运动，痛经的话，就不要运动了。但如果身体状态良好，你可以适量运动，让身体暖和起来，以促进血液循环。

什么都别管，放松下来

听喜欢的音乐、吃喜欢的东西……来月经的时候，就做点儿让自己开心的事吧。当你放轻松时，身体上令你不舒服的症状也会减轻。你还可以喝点儿草本茶，让身体暖和起来。

泡脚

在经期，你可以试试泡脚。泡 5 ~ 10 分钟，水温高一些（保持在 41 ~ 43℃），这样可以让身体热起来，痛经等不适症状也能得到缓解。

保持充足的睡眠

月经是子宫内膜剥落引起出血的生理现象。来月经时，你会比平时更容易感到疲劳，所以要保持充足的睡眠。

给来月经的日子取个名字吧！

“女孩的日子”？
“月亮之日”？
这两个名字怎么样？
当然，**“快乐兔之日”**也不错！

适合经期的着装

在经期一定不能让自己着凉，特别是不能让腹部和下半身着凉，要穿保暖一点儿的衣物。

正确的着装

长袜、长裤、长筒靴等都适合在经期穿，注意不要让身体受凉。

错误的着装

露大腿的超短裙、露肚脐的上衣和特别紧身的衣服都不适合在经期穿！

小知识 经期不能做的事

脱毛和染发

此时肌肤处于敏感状态，脱毛和染发会对肌肤造成损伤。

过度减肥

此时减肥有损身体健康。

性行为

此时阴道黏膜很敏感，发生性行为容易造成女性生殖器官感染。

我的身体发生了怎样的变化呢？

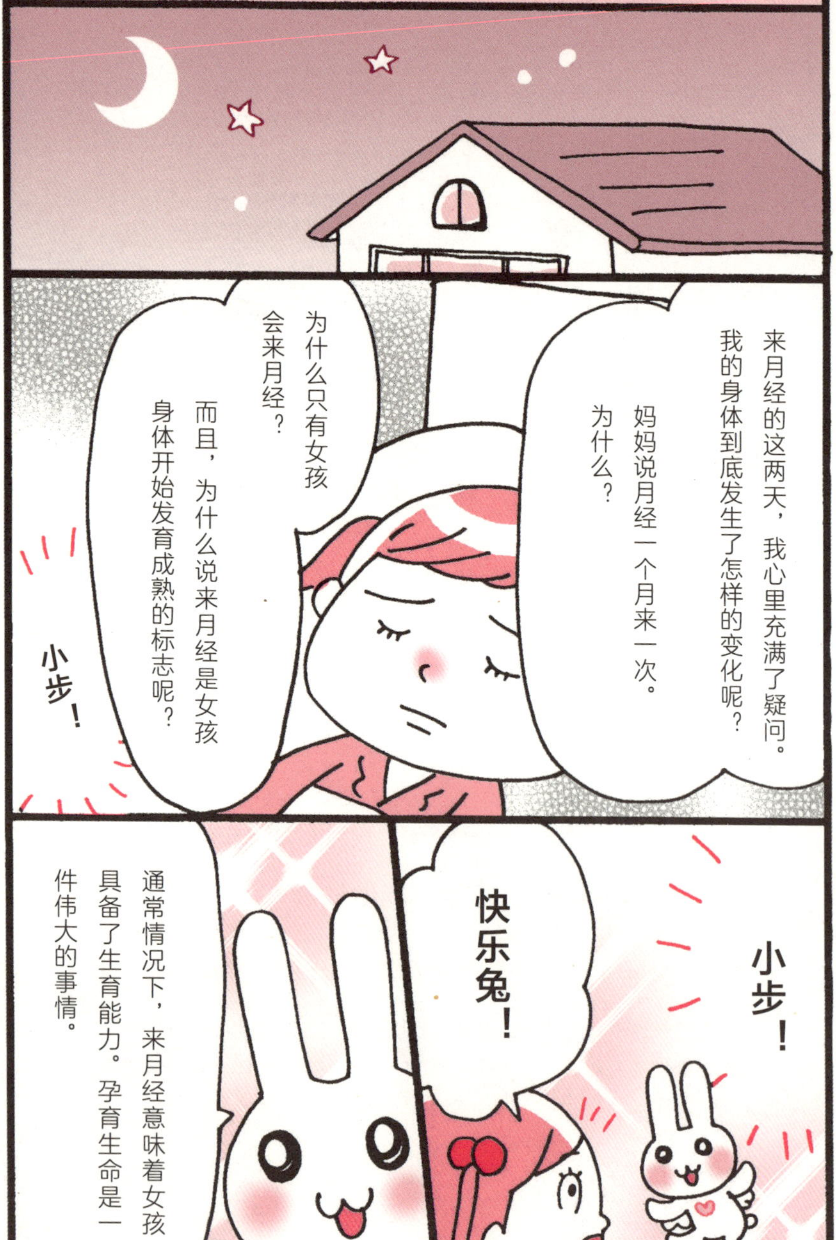

来月经的这两天，我心里充满了疑问。我的身体到底发生了怎样的变化呢？
妈妈说月经一个月来一次。为什么？
为什么只有女孩会来月经？
而且，为什么说来月经是女孩身体开始发育成熟的标志呢？
小步！
小步！
快乐兔！
通常情况下，来月经意味着女孩具备了生育能力。孕育生命是一件伟大的事情。

但是，我还是不知道我的身体发生了怎样的变化。
嗯……确实是这样！
我带你去一趟『月经王国』吧！
这里是……
这里是只有来月经的女孩才可以进入的『月经王国』！我是导游帕比兔！
我们这里有有关女性生理常识的各种专题讲座！
我带你去了解一下吧！

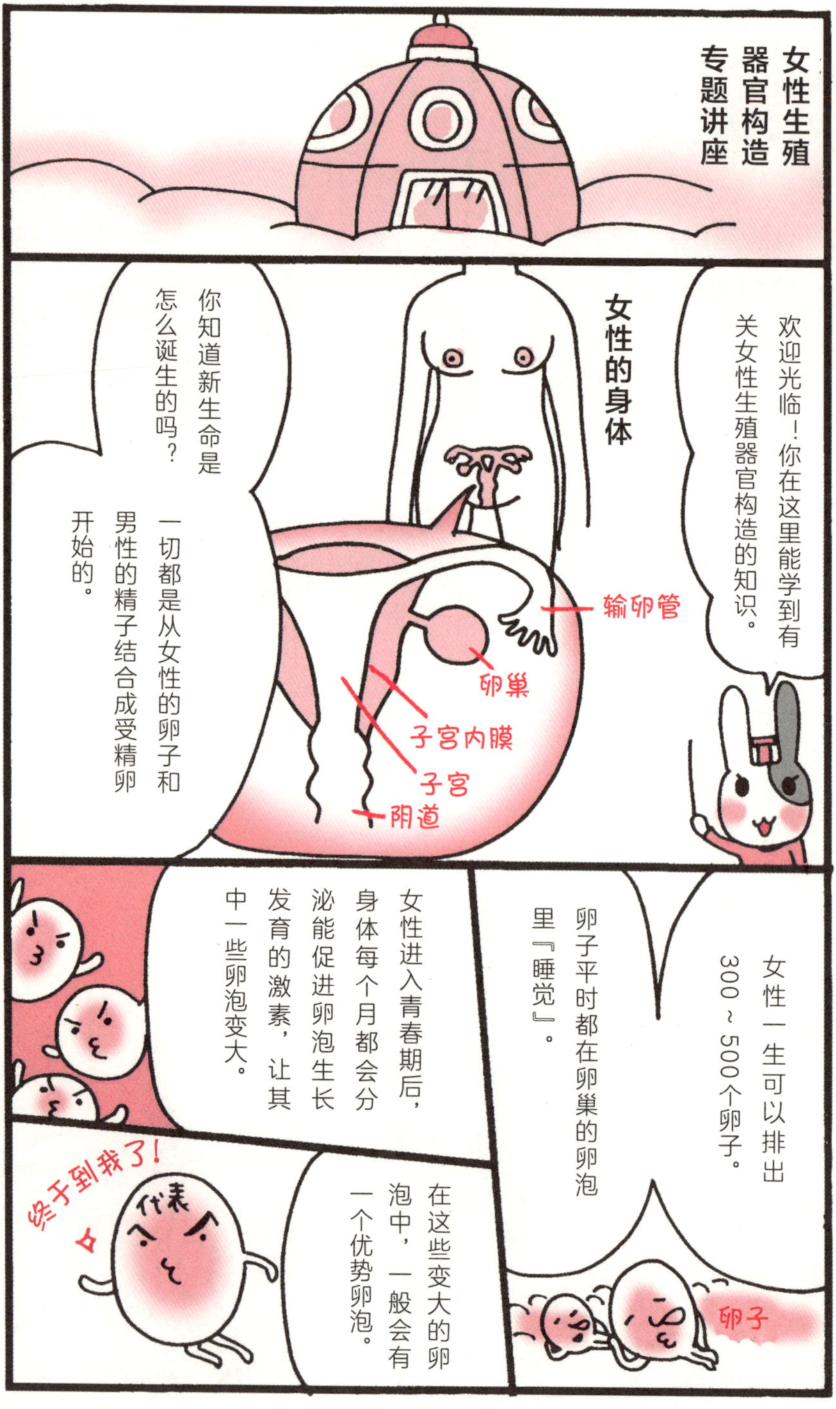
女性生殖器官构造专题讲座
欢迎光临！你在这里能学到有关女性生殖器官构造的知识。
女性的身体
输卵管
卵巢
子宫内膜
子宫
阴道
你知道新生命是怎么诞生的吗？
一切都是从女性的卵子和男性的精子结合成受精卵开始的。
女性一生可以排出300～500个卵子。
卵子平时都在卵巢的卵泡里『睡觉』。
卵子
女性进入青春期后，身体每个月都会分泌能促进卵泡生长发育的激素，让其中一些卵泡变大。
在这些变大的卵泡中，一般会有一个优势卵泡。
终于到我了！
代表

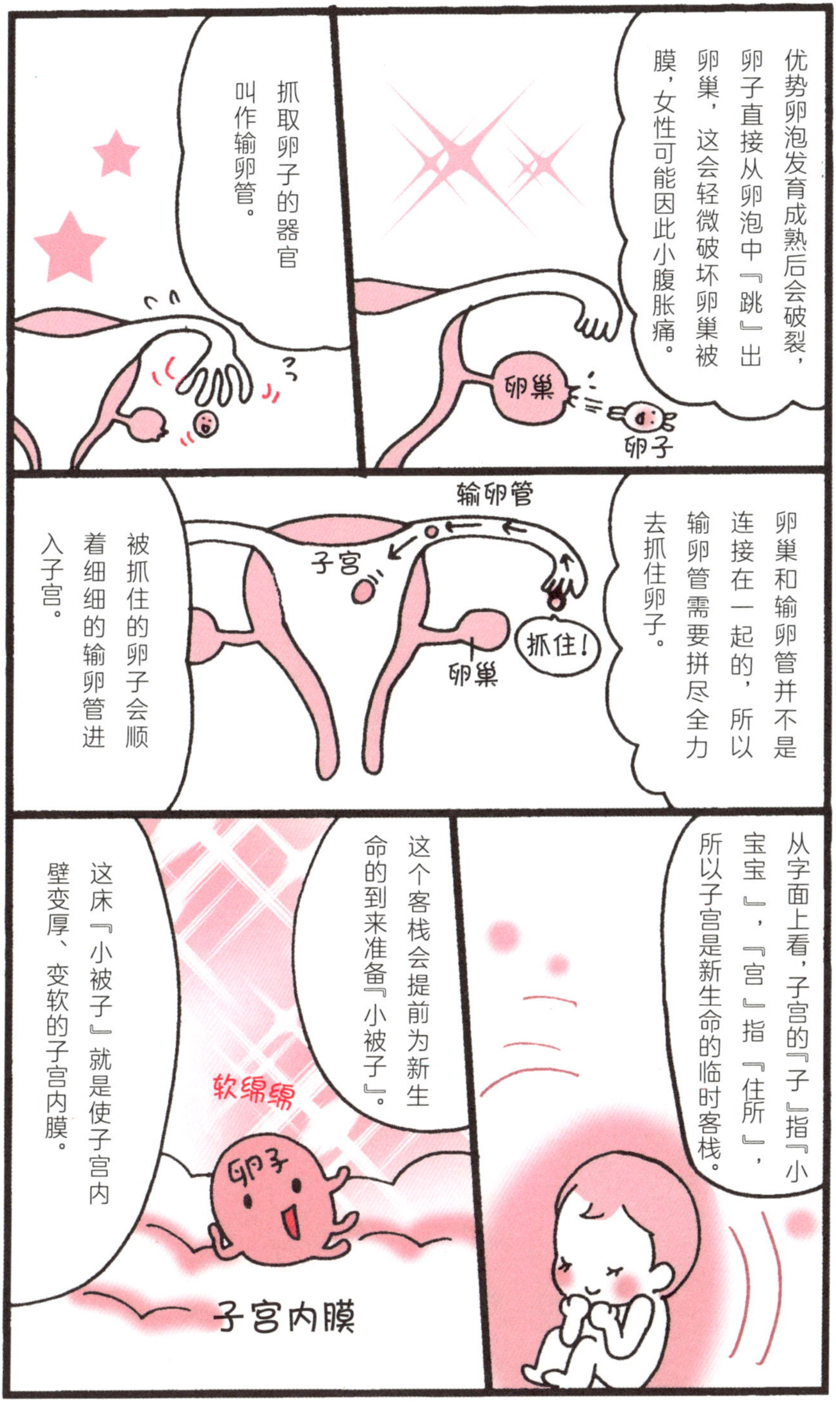
优势卵泡发育成熟后会破裂，卵子直接从卵泡中『跳』出卵巢，这会轻微破坏卵巢被膜，女性可能因此小腹胀痛。
卵巢
卵子
抓取卵子的器官叫作输卵管。
卵巢和输卵管并不是连接在一起的，所以输卵管需要拼尽全力去抓住卵子。
输卵管
子宫
抓住！
卵巢
被抓住的卵子会顺着细细的输卵管进入子宫。
从字面上看，子宫的『子』指『小宝宝』，『宫』指『住所』，所以子宫是新生命的临时客栈。
这个客栈会提前为新生命的到来准备『小被子』。
软绵绵
卵子
子宫内膜
这床『小被子』就是使子宫内壁变厚、变软的子宫内膜。

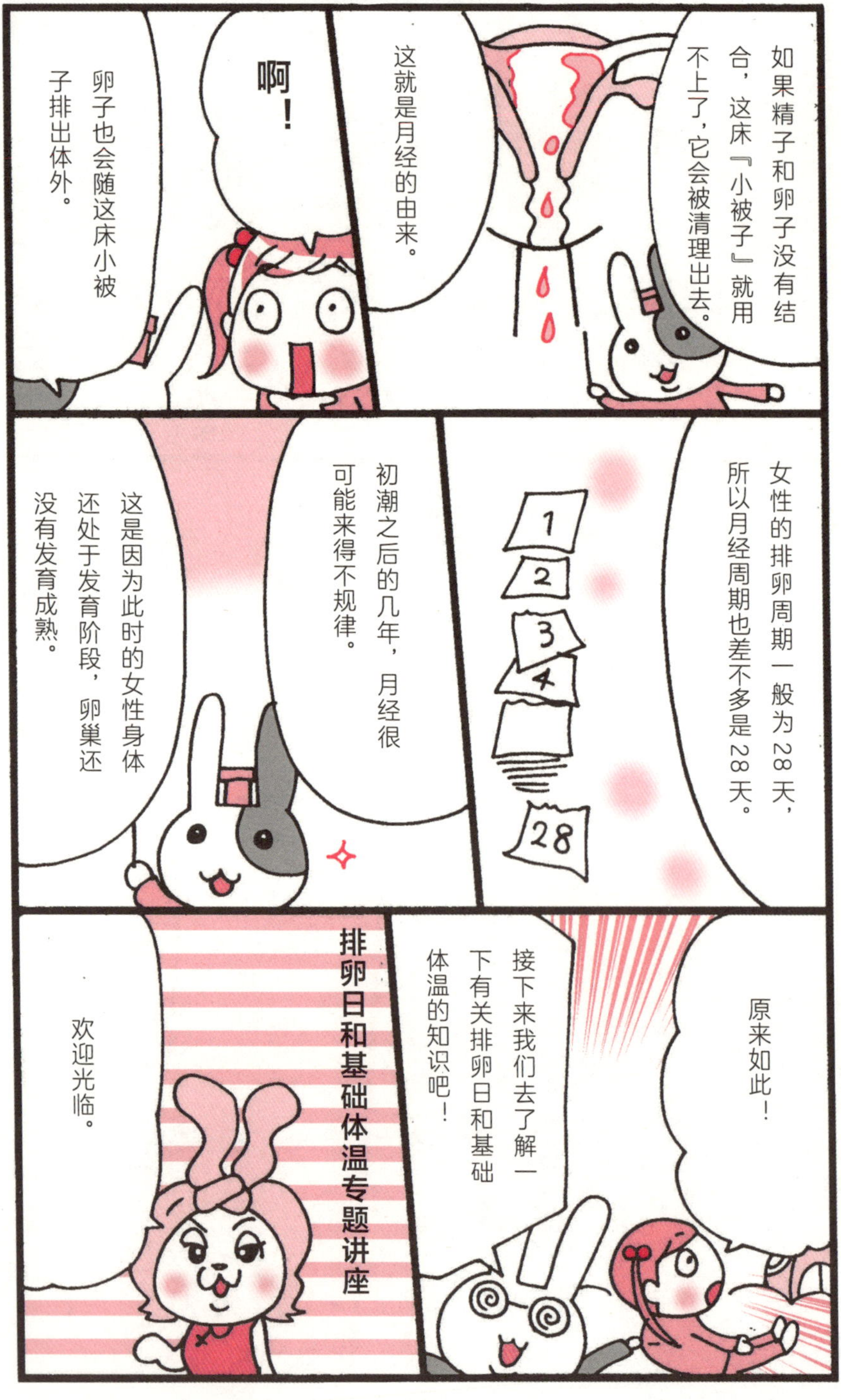
如果精子和卵子没有结合，这床『小被子』就用不上了，它会被清理出去。
这就是月经的由来。
啊！
卵子也会随这床小被子排出体外。
女性的排卵周期一般为28天，所以月经周期也差不多是28天。
1
2
3
4
28
初潮之后的几年，月经很可能来得不规律。
这是因为此时的女性身体还处于发育阶段，卵巢还没有发育成熟。
原来如此！
接下来我们去了解一下有关排卵日和基础体温的知识吧！
排卵日和基础体温专题讲座
欢迎光临。

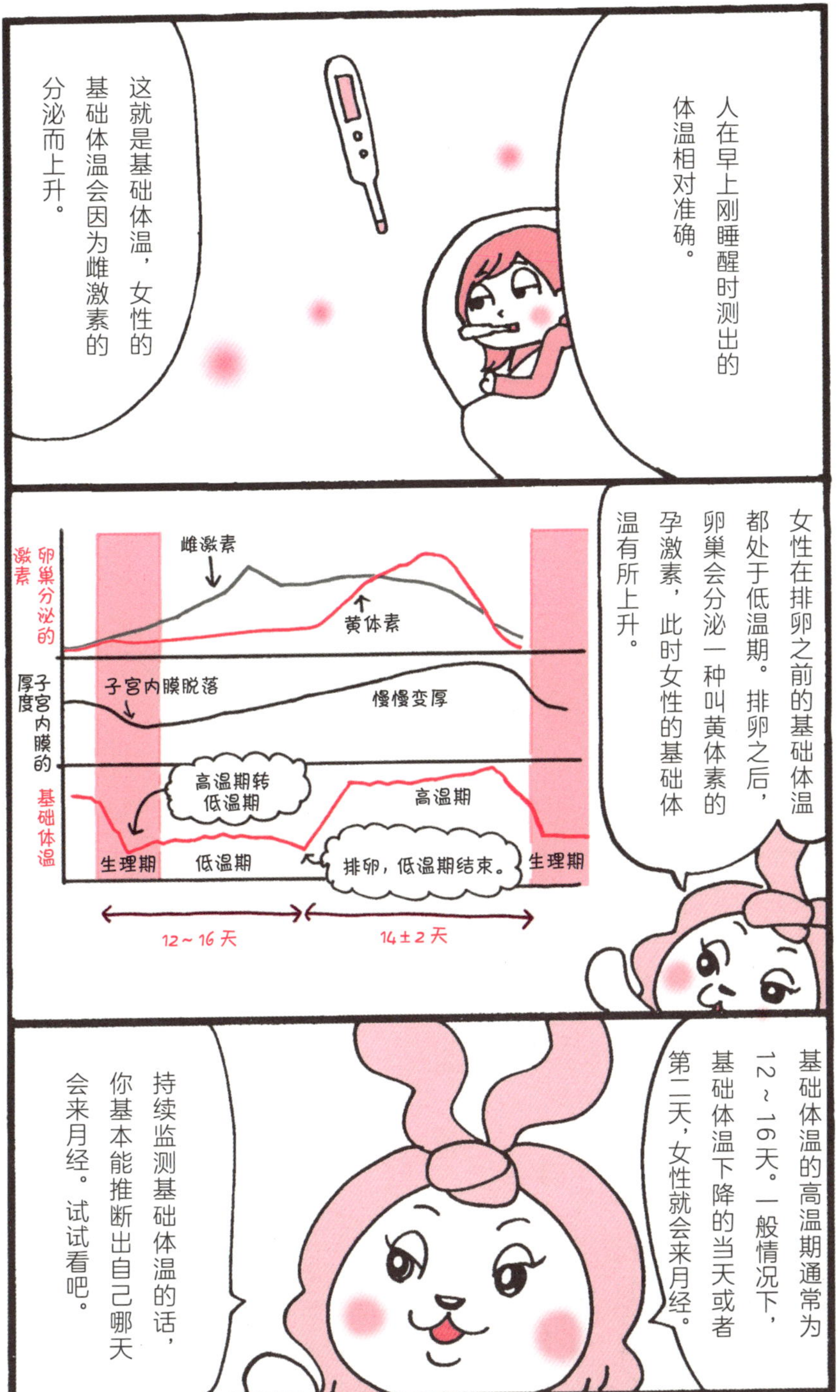
人在早上刚睡醒时测出的体温相对准确。
这就是基础体温，女性的基础体温会因为雌激素的分泌而上升。
女性在排卵之前的基础体温都处于低温期。排卵之后，卵巢会分泌一种叫黄体素的孕激素，此时女性的基础体温有所上升。
卵巢分泌的激素
雌激素
黄体素
子宫内膜的厚度
子宫内膜脱落
慢慢变厚
基础体温
高温期转低温期
高温期
生理期
低温期
排卵，低温期结束。
生理期
12～16天
14±2天
基础体温的高温期通常为12～16天。一般情况下，基础体温下降的当天或者第二天，女性就会来月经。
持续监测基础体温的话，你基本能推断出自己哪天会来月经。试试看吧。

走走走，接下来我们去了解一下月经的四季！
月经的四季专题讲座
你知道吗？每个月，女孩的身体都会经历四季轮转一样的变化。
掌握了身体变化的规律，你就能更好地爱护自己的身体、调整自己的情绪。
迫不及待
好茂密的头发……
我接下来要讲的知识你长大以后也用得上！
在遇到困难的时候，了解自己身体和情绪的人，更容易渡过难关。
而且，你要是在结婚以后想避孕，这些知识也用得上。

春　月经来潮
含苞待放
情绪不稳定，长痘，
皮肤更加敏感。
有的人还会拉肚子或便秘，
很容易感到疲倦，所以这
个时候要好好休息。
休息。。。。。。
夏　经期结束，排卵前
花朵盛开
身体开始为排卵做准备，一些卵泡
开始发育，优势卵泡发育成熟。
身体和皮肤的状态都很棒。
快乐地生活吧！

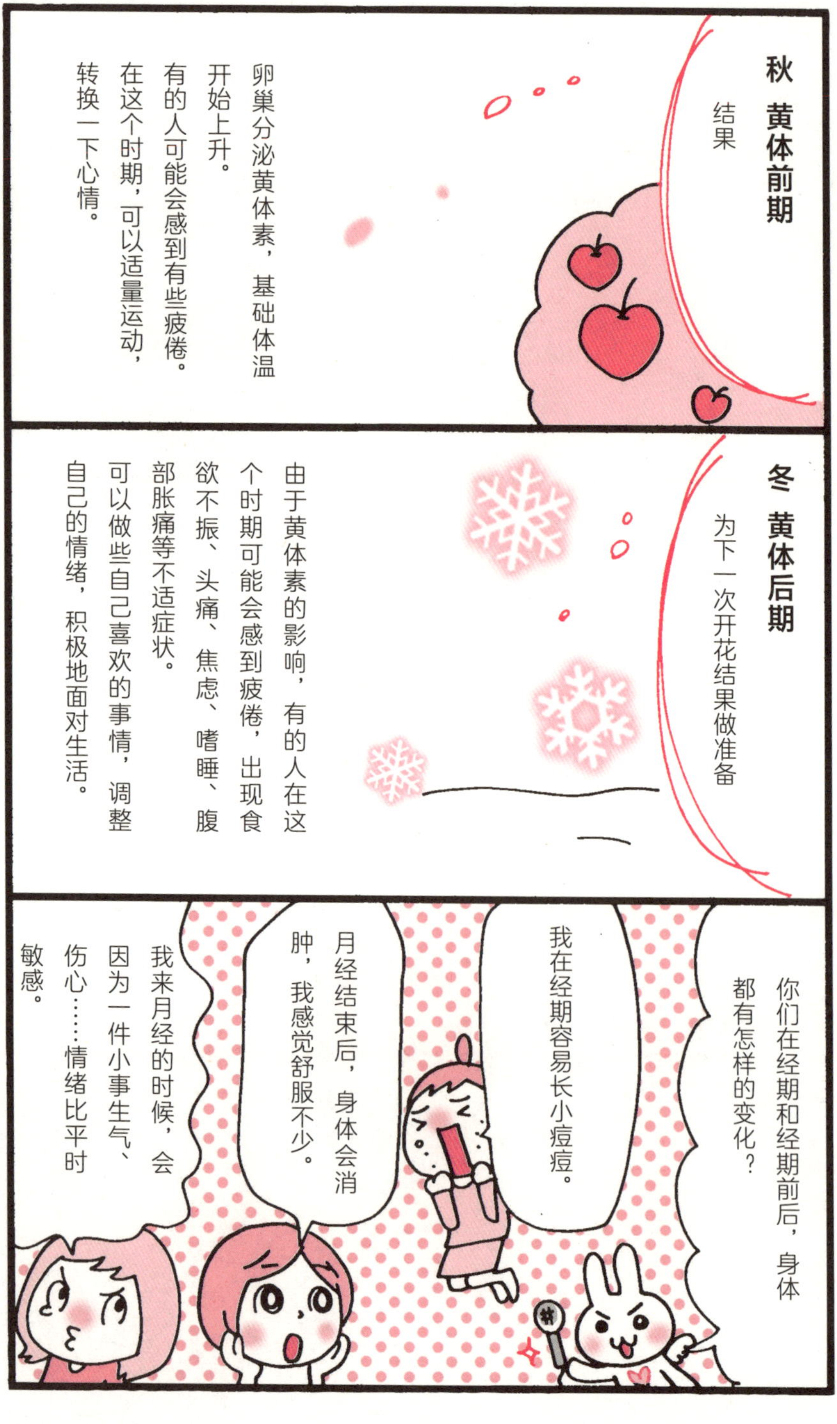
秋 黄体前期
结果
卵巢分泌黄体素，基础体温开始上升。
有的人可能会感到有些疲倦。在这个时期，可以适量运动，转换一下心情。
冬 黄体后期
为下一次开花结果做准备
由于黄体素的影响，有的人在这个时期可能会感到疲倦，出现食欲不振、头痛、焦虑、嗜睡、腹部胀痛等不适症状。
可以做些自己喜欢的事情，调整自己的情绪，积极地面对生活。
你们在经期和经期前后，身体都有怎样的变化？
我在经期容易长小痘痘。
月经结束后，身体会消肿，我感觉舒服不少。
我来月经的时候，会因为一件小事生气、伤心……情绪比平时敏感。

快来月经的时候，我食欲旺盛，超级想吃甜食。
我很容易犯困。
我会头痛，一点儿都不想动。
我感觉小腹坠痛。
我有时候会拉肚子，有时候又会便秘……
卫生间
我有一次还贫血了！
什么？
大家的表现都不一样呢！
为了掌握自己的月经周期，试着做一份月经月历吧。
来，给你这个。
谢谢！
月经月历？

我的月经月历

	1月	2月	3月	
1				
2		一、红色 出血量一般		
3		二、红色 出血量超大，吓我一跳		
4		三、红色 出血量比第二天少		
5		四、茶色 出血量很少		
6	检查经血颜色			
7				
8				
9				
10	一、茶色 出血量不多			
11	二、红色 出血量多了一点儿			
12	三、红色 出血量比第二天多			
13	四、茶色 出血量大概是第三天的一半			
14				
15				
16				
17	记录出血量			
18				
19				
20				
21				
22				
23				
24				
25				
26				
27				
28				
29				
30				
31				
身体状况	· 比平时更想吃甜食。 · 月经结束后连续两天有茶色的白带。	· 比之前来月经时累。 · 肚子很痛。	· 这个月没来月经，有些轻松！	
心理状况	· 感觉自己变成大人了，周围的男生还像孩子。	· 这次月经比预期来得早，吓了我一跳！在学校里突然来了月经，不过我的应对方案堪称完美，棒！	· 虽然没来月经感觉很轻松，但是我又有点儿担心……	
经期发生的快乐的事情	· 数学考了 100 分！			

气血水说

有一种理论认为，人的生理功能是靠气、血、水的平衡来维持的。

“气”是维持活力的生命能量。

“血”指血液，包括血液中的营养成分。

“水”指人体中的淋巴液、汗液、眼泪、尿液等物质。

如果气、血、水之间的平衡被打破，人就会生病，女性还容易月经不调。

我们要调节好身体里气、血、水之间的平衡，改善经期的不适症状。

不利于气血水平衡的行为

偏食 营养不良会导致气血失衡。	**受寒** 吃过量冰冷的食物或者甜食会导致气水失衡。
不运动 不运动，身体里的气不足。不出汗，身体里多余的水无法排出。	**思想消极** 一个人的消极思想首先影响的是他的身体，总说难听或消极的话会损耗身体里的气。
过度减肥 为了瘦而不吃饭或不喝水，会打破气血水的平衡。	**身体姿势不良** 蜷曲等身体姿势会导致身体内水的流动变差，影响气血水的循环及平衡。

保持气血水平衡的小妙招

人的下半身有很多重要的穴位。下面给大家介绍几个与月经相关的穴位。

缓解经期不适的穴位

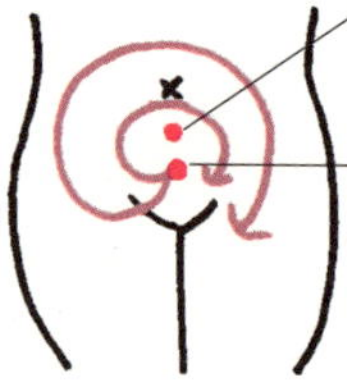

气海

位于脐下 1.5 寸处。

丹田

位于气海下方，脐下 3 寸处。

如图所示，先按“回”字的小圈按摩 10 圈，再按“回”字的大圈按摩 10 圈。重复以上步骤 2 ~ 3 次。

肾俞 位于命门左右两侧 1.5 寸处。

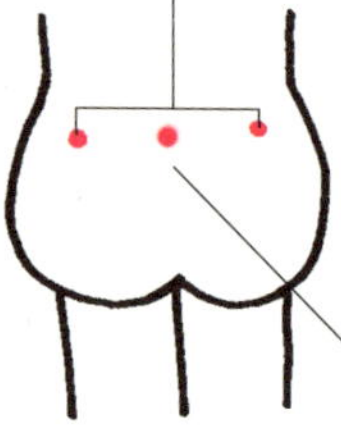

双手握拳，用拳尖压揉肾俞和命门，可以缓解腰酸。

命门

位于腰背部和肚脐相对的位置。

与月经相关的手部穴位

用拇指和食指掐按合谷穴（以左手为例，如图所示），可缓解痛经。

血海

位于膝盖骨内侧上方 2 寸处。

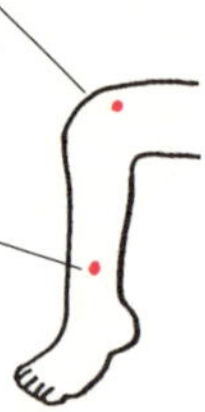

三阴交

位于小腿内部内踝正中直上 3 寸处。

将香薰精油涂抹到指腹上后按压血海和三阴交，可缓解痛经。

做瑜伽：从腹式呼吸开始

腹式呼吸是瑜伽的基本呼吸法，吸气时腹部膨胀，胸部不膨胀。试着慢慢从鼻子呼出空气，再慢慢吸入新鲜空气，让空气进入腹部。如此重复腹式呼吸 10 次左右，能让你的身心沉静下来。

瑜伽体式——云雀式

跪坐。

一边呼气，一边将一条腿向后伸展。

双手向后延展，带动上半身后展，保持这个姿势。配合呼吸，重复以上步骤 5 次。

不再畏寒，身体暖和起来了！

瑜伽体式——猫式

跪在地上，如图所示。

吸气，缓慢抬高臀部，腰向下微曲，抬头拉伸颈部。

呼气，慢慢拱起背部。配合呼吸，重复以上步骤 5 次。

有效缓解经期头痛

经期舒展运动

在经期，适当运动可以加速血液循环和淋巴循环。下面介绍三类针对身体不同部位的舒展运动。

适合睡前做的下半身舒展运动

1

仰面躺下。

2

一条腿向上抬起靠近胸部。

3

用力将这条腿拉向胸前，保持这个姿势 10 秒，慢慢呼气。

4

将这条腿缓缓向外侧伸展，呼气，保持 10 秒。

5

再将这条腿向内侧翻转，保持 10 秒。换腿并重复以上动作。重复以上步骤 5 ~ 10 次。

6

结束之后，用力舒展腰部。

7

全身放松，睡觉，晚安！

这样做能改善骨盆周围的血液循环，缓解痛经！

随时随地都可以做的腰部舒展运动

1

双腿张开，与肩同宽，膝盖微微弯曲，双手叉腰。

2

上半身摆正，逆时针慢慢转动腰部 10 ~ 20 圈。可以想象自己在转呼啦圈。

3

保持步骤 2 的姿势，顺时针转动腰部 10 ~ 20 圈。重复以上步骤 2 ~ 5 次。

这样做，可以调节激素水平，还能减肥，一石二鸟！

可以一边看电视一边做的肩颈舒展运动

1

手放在头部另一侧。

2

缓慢向抬手的身体一侧弯头颈，待感受到颈部的拉伸感时，维持 10 ~ 15 秒，之后还原，换另一侧拉伸。

3

以肩为轴，双肩前后旋转 10 ~ 20 次。

这样做，能很好地缓解经期头痛，以及肩部、颈部肌肉紧张的状态。

试试香薰疗法吧！

你如果喜欢花香或者其他植物香味，可以试试香薰疗法。通过萃取获得的精油含有植物芳香物质，能让我们放松身心。

可以缓解经期不适的精油

薰衣草

薰衣草精油

清爽香甜。可以改善月经不调症状，缓解痛经，让人心情舒畅。

天竺葵

天竺葵精油

气味香甜，与玫瑰花香相似。可以调节激素水平，缓解压力。

鼠尾草

鼠尾草精油

带有青草的丝丝苦味。对妇科疾病有疗效。

花梨木

花梨木精油

带有柔和的花香味。性质温和，能让人心情平和。

精油的使用方法

在马克杯中加入热水，滴入1～2滴精油。

使用香薰灯。

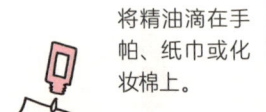

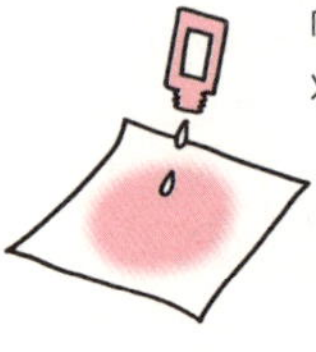

将精油滴在手帕、纸巾或化妆棉上。

天然浴盐
1～2勺
精油
1～5滴

泡澡时在浴缸中加入1～2勺天然浴盐，再滴1～5滴精油。

精油
2～4滴
植物油
10毫升

将2～4滴精油与10毫升植物油（一般用甜杏仁油或荷荷巴油）混合，用来按摩。

让人元气满满的食物

快乐兔挑选了一些适合在经期食用的食物。快来看看吧！

豆类食品

能调节雌激素水平。

＊豆浆、纳豆、油豆腐、冻豆腐等

藻类食品

能调节肌肤和身体状态。

＊羊栖菜、海苔、裙带菜、海带等

五谷杂粮

含有丰富的矿物质和维生素。

＊糙米、小米、麦仁、黑米、红米、芝麻等

根茎类蔬菜

能让身体由内而外暖和起来。

＊生姜、大葱、萝卜、牛蒡、洋葱、莲藕等

当季的绿色和黄色蔬菜

含有丰富的维生素。

＊菠菜、胡萝卜、南瓜、西蓝花、青菜、青椒等

水果干和坚果

含有丰富的矿物质和维生素。

＊杏仁、核桃仁、葡萄干、无花果干、西梅干、南瓜子等

天然调味料

含有丰富的矿物质。

＊天然的盐、甜菜糖、红糖、蜂蜜、枫糖浆等

※ 食用有机食物对身体更好！

经期营养餐食谱1 杂粮饭

原料

大米适量
杂粮适量

做法

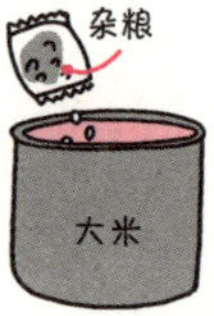

1 将大米和杂粮按比例放入电饭煲。

2

加入适量水，开始煲饭。

3

将煮好的饭搅拌均匀后食用。

经期营养餐食谱2 胡萝卜炒牛蒡

原料

牛蒡 1根
胡萝卜 1/3根
芝麻油 适量
糖 1大匙
酱油 3大匙
黑芝麻 1大匙

做法

1 牛蒡去皮并削成竹叶似的薄片，胡萝卜去皮并切成细丝。

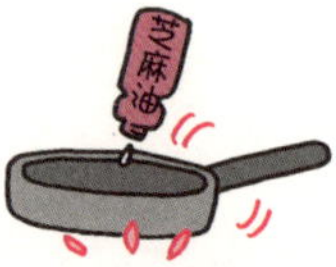

2 将步骤1中准备好的食材放入平底锅，倒入芝麻油翻炒。

3 加入糖和酱油，搅拌均匀，调色调味。

4 撒上能提香的黑芝麻，搅拌均匀后出锅。

经期营养餐食谱 3 **杂煮**

原料

晒干的羊栖菜 20 克
水煮大豆 170 克左右
根茎类蔬菜 100 克左右
（如胡萝卜、萝卜、莲藕、牛蒡等）
芝麻油 适量
肉汤 200 毫升
糖 1 大匙
甜酒 1 大匙
酱油 2～3 大匙

做法

1 浸泡羊栖菜。

2 平底锅中倒入适量芝麻油，油热后放入切好的根茎类蔬菜，翻炒均匀后加入沥水后的羊栖菜和大豆，继续翻炒。

3 加入肉汤、糖、甜酒和酱油，搅拌均匀。

4 等汤汁收得差不多，就可以吃啦。

让身体暖洋洋的生姜饮品

原料

磨碎的生姜 1～2 小匙
热水或者红茶 200 毫升左右
糖 适量

马克杯里倒入热水或者红茶。→ 加入磨碎的生姜和糖（蜂蜜、甜菜糖或红糖等），搅拌均匀。

想知道更多关于月经的知识！

对了，快乐兔，月经是不是会伴随我一生呢？
女性的月经一般会持续 40 年左右。你到一定年龄后，就会停经。
我想知道更多关于月经的知识！
那么，跟我走吧！
这里是……？
欢迎来到月经的一生专题讲座！
月经的一生专题讲座

从开始到结束，月经几乎伴随女性的一生。在这个过程中，女性的身体会发生许多变化。
12 岁来月经……
12 岁
有时来，
有时不来。
一开始，月经有时来，有时不来，没有规律。
可能 3 年之后，月经才慢慢变得规律。
15 岁
月经规律后，你持续监测基础体温就可以知道月经什么时候会来。
此时的你开始对异性产生兴趣。

17岁
这是你初潮之后的第五年。你已经很熟悉自己每次来月经前的身体变化和经期的出血情况。
你对异性越来越感兴趣。
20岁出头
在雌激素的作用下，你看起来闪闪发光。你没有妇科疾病的话，月经一般会来得很规律。
身体不断分泌的雌激素使皮肤变得水润光滑。
25～34岁
你可能会在这个年龄段生子。怀孕后你会停经，生完孩子之后，会再来月经。
也有很多女性会在哺乳期停经。

35 ~ 40岁
月经正常到来，孩子茁壮成长，作为母亲的你也在成长。
50岁
月经『毕业』了，这意味着你要和月经说再见了。孩子长大了，你有更多属于自己的时间。
毕业
毕业
60岁以后
就算不来月经，你也可以把自己打扮得漂漂亮亮的。
这么看来，我要和月经共处很长时间。不认真了解与月经相关的知识可不行。
对呀，对呀！好好学习与月经相关的知识才能更好地了解自己的身体。

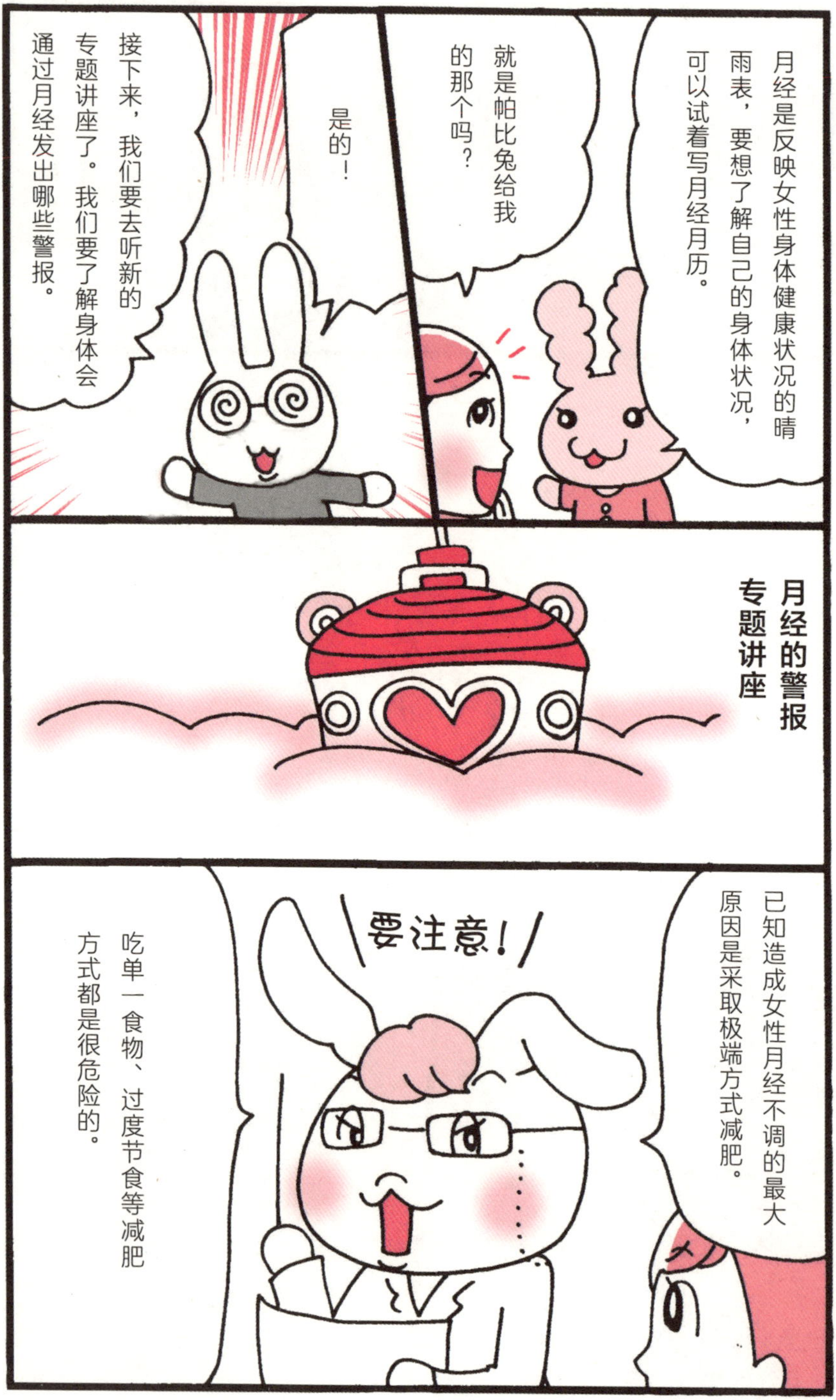
月经是反映女性身体健康状况的晴雨表，要想了解自己的身体状况，可以试着写月经月历。
就是帕比兔给我的那个吗？
是的！
接下来，我们要去听新的专题讲座了。我们要了解身体会通过月经发出哪些警报。
月经的警报专题讲座
已知造成女性月经不调的最大原因是采取极端方式减肥。
要注意！
吃单一食物、过度节食等减肥方式都是很危险的。

真的吗？为什么减肥会导致月经不调？
我还想减肥呢！
如果身体本就处于虚弱的状态，采取极端的方式减肥会导致严重的后果。
此时，大脑会发出让月经『休息』的指令。
大脑
休息！
影响月经的激素就会紊乱。
月经，停！

没想到竟然会这样！
我以前都不知道！
另外，剧烈运动或在短时间内体脂率大幅下降，都会使女性体内雌激素的分泌发生紊乱。
承受过多压力，情绪波动太大……
难以摆脱消极情绪，持续悲伤、痛苦……

这些都会使女性来月经所需的能量减少，从而导致月经不调。
震惊！
人的身心是相通的！
来月经是我身体健康的表现。
好好照顾自己的身体才能避免月经不调。
你能这么想真是太棒了！
看来你已经学了不少知识，让我们回到现实世界吧！

快乐兔留言 1

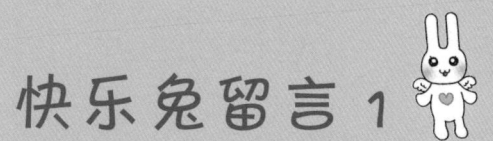

用积极的心态看待月经

来月经的时候，你常常把哪些话挂在嘴边呢？

“来月经了，怎么都觉得不舒服。”

“好累啊！”

“皮肤好差，都是因为来月经了。”

说这些话的你是把来月经当成了一件“坏事”。

确实，来月经是一件麻烦的事，来月经后，人的心情会变得糟糕。但是，你讨厌月经，也是在讨厌来月经时的自己。

其实月经对你来说非常珍贵，因为来月经意味着你的身体逐渐发育成熟，你在慢慢变成一个大人。

为了改变自己对月经的印象，试试用积极的心态看待月经吧！

“月经，谢谢你让我成为一个大人！”

“月经，你是我的好朋友。”

如果在经期感觉不舒服，或沮丧、困倦，你就告诉自己，这是月经在让你好好照顾自己的身体。

多关注自己的身体，想想自己状态如何、有没有什么地方不舒服、昨天睡得怎么样……

身体是非常“实在”的，只要你好好照顾它，它就会让你每一天都过得开开心心的。

当你用积极的心态看待月经时，你就能心平气和地度过来月经的日子了。

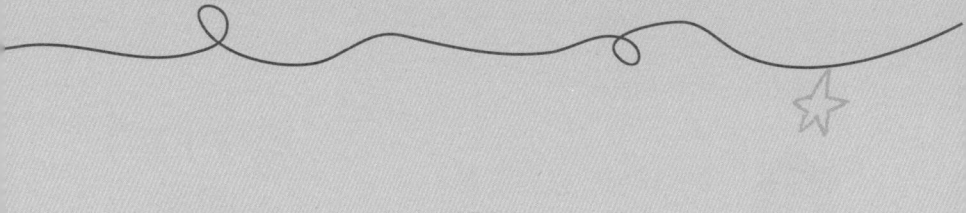

孩子们的问题 Q&A

Q 有男孩问“你是不是来月经了？”，应该怎么回答呢？

A 你如果真的来月经了，就大胆承认，并试着这样说：“来月经是女性正常的生理现象，你妈妈也会来月经。”

Q 夜间睡觉时，如何防止月经侧漏？

A 可以穿经期内裤并使用夜用卫生巾。在寒冷的季节，还可以在经期内裤外面再穿一条厚打底裤。

如果这样还是担心侧漏，可以在床上先铺一张防水垫，再在防水垫上铺一条厚实的大毛巾。

用冷水比用热水更易于清洗掉血渍。如果家人帮你洗了被你弄脏的衣物，记得跟他们说谢谢！

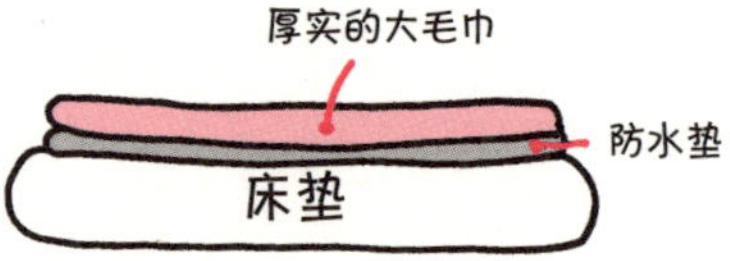

月经刚来的时候可以使用卫生棉条吗？

卫生棉条在经期的任何时候都可以使用。出血量较大时，阴道内比较湿滑，卫生棉条更容易被放入。在想下水游泳，或者活动比较多又担心月经侧漏的时候，你可以安心地使用卫生棉条。

但是，千万别忘记把卫生棉条取出来！将卫生棉条长时间放置在阴道内会导致身体不适。

使用卫生棉条会不会破坏处女膜？

正确使用卫生棉条一般不会破坏处女膜。处女膜是阴道口内缘的一层薄膜。为了让经血流出来，处女膜上有一个直径 1 ～ 1.5 厘米的小孔。所以一般来说，使用卫生棉条是不会破坏处女膜的。

Q 来月经时，经血的味道会不会被周围的人闻到？

A 即使你在厕所里换卫生巾的时候，别人也不会闻到任何味道。不管是出血量很大，还是你没有及时更换卫生巾，别人一般都不会闻到任何味道，不用担心。

你如果还是很在意，可以试着自制除味喷雾，在自己周围喷一喷。

自制除味喷雾

原料

白醋 5 毫升
纯净水 45 毫升
薰衣草精油 8 滴
薄荷精油 2 滴
喷瓶 1 个，推荐遮光瓶

＊精油可以到专卖店购买。也可以使用其他香味的精油，但是请注意，使用柑橘类精油后要注意防晒，否则容易长斑。

制作方法

1. 把白醋倒入喷瓶，注意不要倒在手上。
2. 滴入精油，混合均匀。
3. 倒入纯净水。
4. 充分摇晃之后，除味喷雾就做好了。去学校的时候，将除味喷雾和卫生用品一起带着吧。

如何使用卫生棉条?

卫生棉条是供女性在经期放入阴道里吸收血液的卫生用品。经期出血量大的时候，你可以同时使用卫生棉条和卫生巾，这样能有效防止月经侧漏。

不熟练的话，最好使用导管式卫生棉条，它带有导管，更容易被推进去。

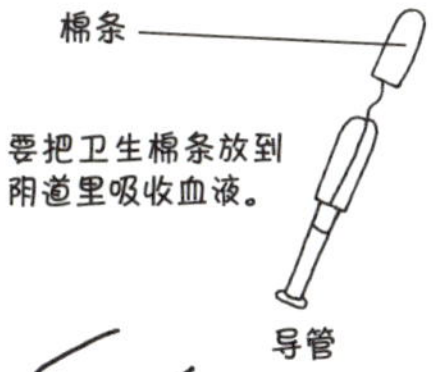

1

坐在马桶上，微微弯腰。紧张的话身体会紧绷，不容易把棉条推进去，所以要放松身体。

2

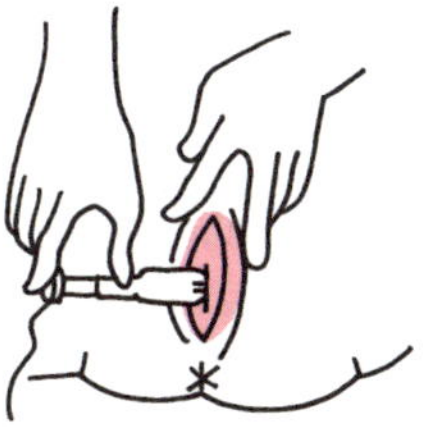

如图所示，一只手拿着卫生棉条，将其对准阴道口（有绳子的一端一定要朝外）。

3

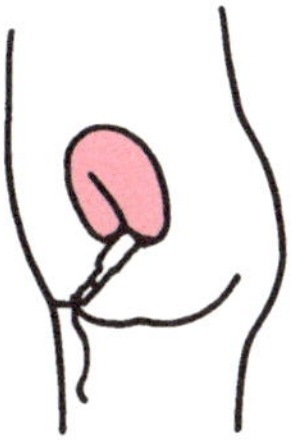

顺势将卫生棉条推到阴道里，拉出导管。如果放置正确，你是不会有异物感的。

4

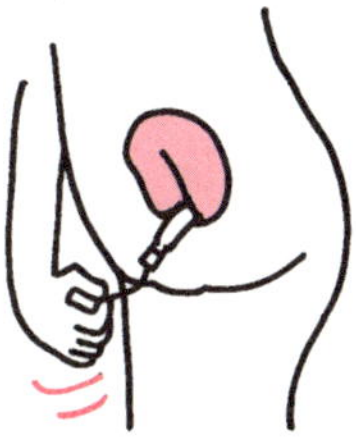

取出棉条的时候，向外拉绳子。动作要轻。万一绳子脱落或断掉，无法取出棉条，要及时去医院。

*你如果不确定阴道口的位置，可以先借助镜子用手指确认一下。

Q 来月经期间，还能上体育课吗？

A 可以适当运动。如果担心月经侧漏，可以使用夜用卫生巾。但是，出血量较大、痛经严重的情况下，还是跟老师请假吧，尽量多休息。

Q 如果旅行的时候来月经了，怎么办？

A 如果你的旅行时间接近经期，你可以提前准备一个小袋子，里面装一两条干净的内裤和几片卫生巾，以及一个用来放脏内裤的密封袋。

即使在没有提前做准备的情况下来月经，你也不要慌张，必要的时候你可以寻求帮助。

第二章

身体和心理逐渐成熟

从初潮开始，你的身体和心理将逐渐发育成熟。在一步步成长为大人的这个时期，你的身体和心理会发生怎样的变化呢？

乳房开始变大
暖洋洋
小步的乳房最近变大了！
嗯……其实，我大概在一周前就开始觉得胸部有点儿胀痛。
我还在想自己是不是生病了呀……
这是因为你已经来了月经，你的身体开始快速发育了。

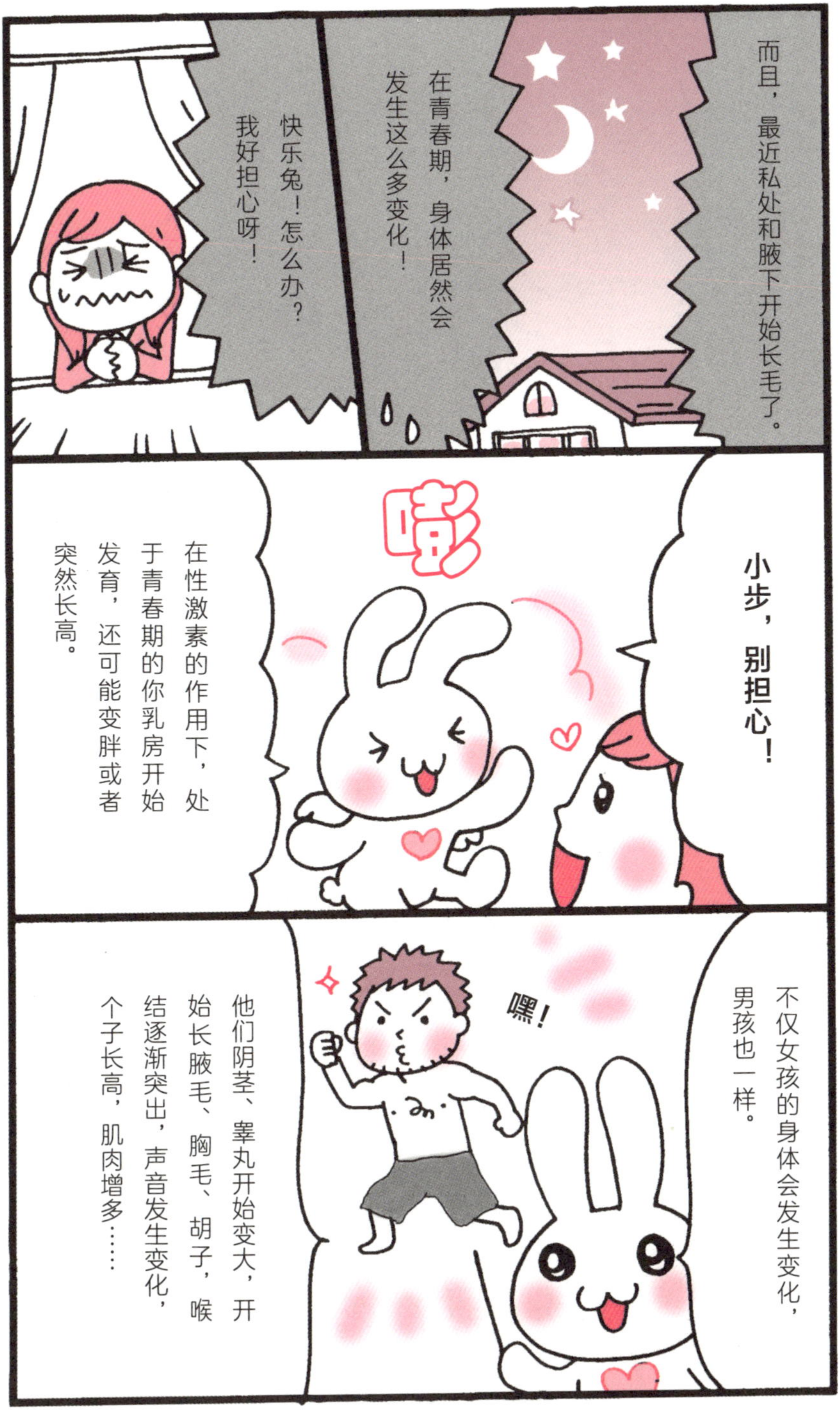
而且，最近私处和腋下开始长毛了。
在青春期，身体居然会发生这么多变化！
快乐兔！怎么办？我好担心呀！
小步，别担心！
嘭
在性激素的作用下，处于青春期的你乳房开始发育，还可能变胖或者突然长高。
不仅女孩的身体会发生变化，男孩也一样。
嘿！
他们阴茎、睾丸开始变大，开始长腋毛、胸毛、胡子，喉结逐渐突出，声音发生变化，个子长高，肌肉增多……

之所以会发生这些变化……
简单来说，这是为了让女孩和男孩各自的性别特征更加明显。
蝴蝶的幼虫先结茧，然后破茧而出才变成了蝴蝶。
就像蝴蝶蜕变前所经历的一样，你的身体也在不断发生变化，这让你的女性特征更加明显。
女孩乳房开始发育的时间因人而异。
一般来说，女孩在9～11岁时乳房开始发育，先是乳头开始慢慢发育、变大，然后整个乳房慢慢隆起。

这个年龄段穿文胸的女生慢慢增多。
乳房最终是大还是小不重要，重要的是乳房隆起的过程。
这是因为乳房隆起意味着乳腺在发育……
而乳腺能够分泌乳汁，它的发育至关重要。

就算乳房小也能分泌乳汁，所以不用太在意乳房的大小。
我知道乳房发育是女性的身体为了孕育生命而做的准备。
但是私处和腋下为什么会长毛呢？
私处和腋下会长毛……
也是因为性激素的作用呀。
其实，长毛的地方都是身体的重要部位。
比如，腋毛能帮助人体散热，起到辅助调节体温的作用。

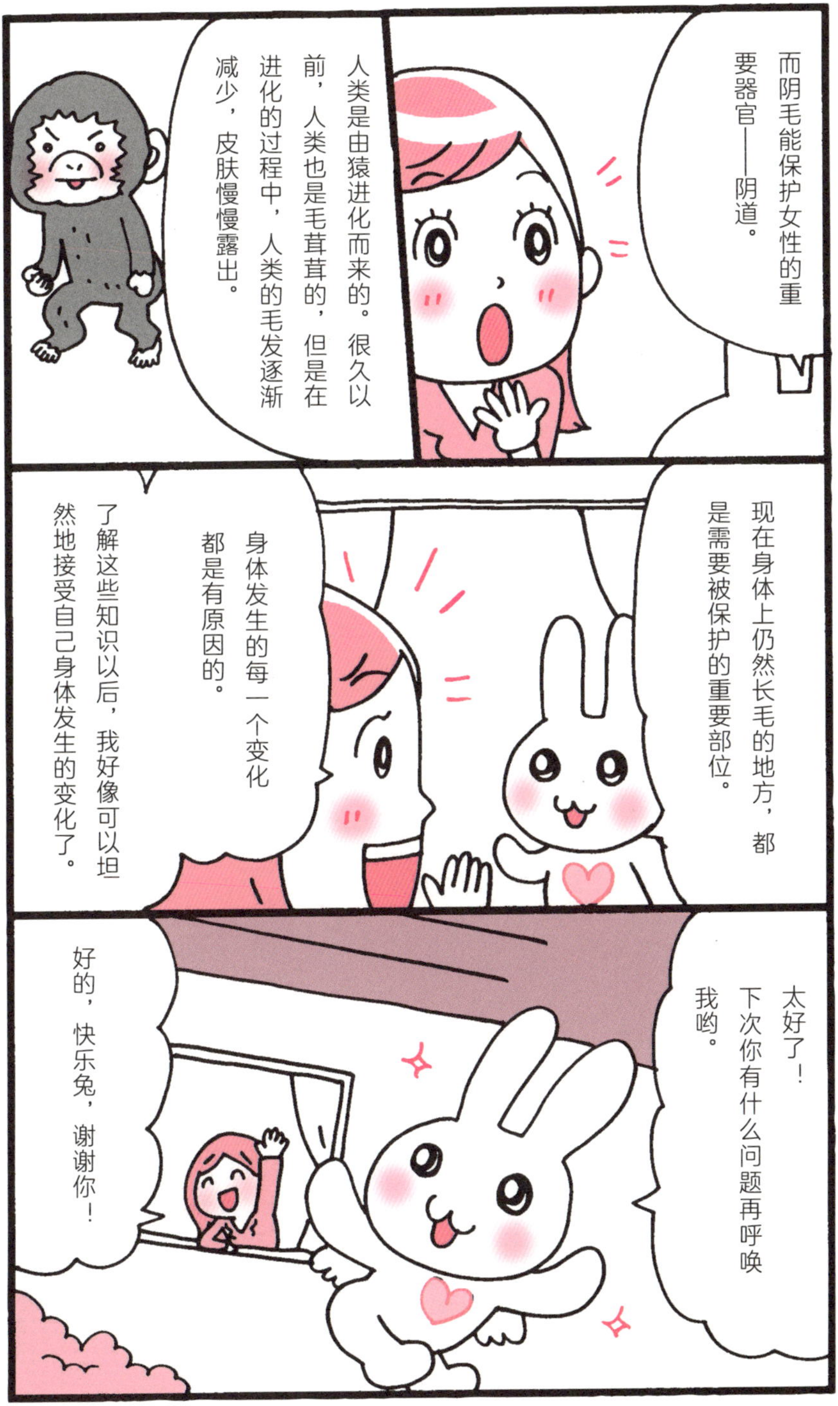
而阴毛能保护女性的重要器官——阴道。
人类是由猿进化而来的。很久以前，人类也是毛茸茸的，但是在进化的过程中，人类的毛发逐渐减少，皮肤慢慢露出。
现在身体上仍然长毛的地方，都是需要被保护的重要部位。
身体发生的每一个变化都是有原因的。
了解这些知识以后，我好像可以坦然地接受自己身体发生的变化了。
太好了！下次你有什么问题再呼唤我哟。
好的，快乐兔，谢谢你！

各种类型的文胸

乳房开始隆起之后，你就可以考虑穿文胸了。市面上的文胸有各种各样的类型，去寻找适合自己的文胸吧。

给刚开始穿文胸的人的建议

一开始可以选择一些穿起来比较舒服的文胸，这样你就不会太在意它的存在。下面推荐几款你不用量胸围就可以购买的文胸！去店里试穿一下，选一款适合自己的吧。

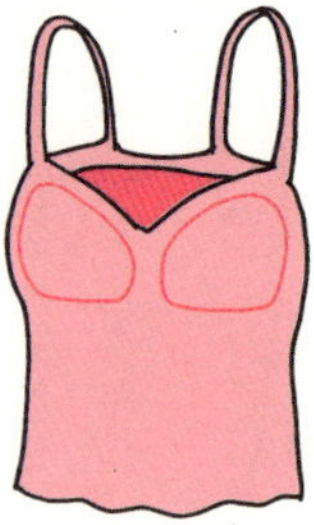

吊带文胸

有胸垫，和普通的吊带衫穿起来感觉差不多。

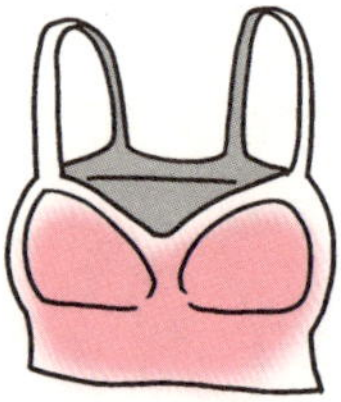

短款吊带文胸

有胸垫，比吊带文胸短，穿起来较凉快且便于行动。

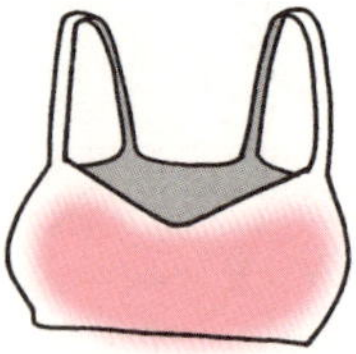

运动文胸

便于行动，穿着舒适，备受刚开始穿文胸的女孩的好评。

基础知识

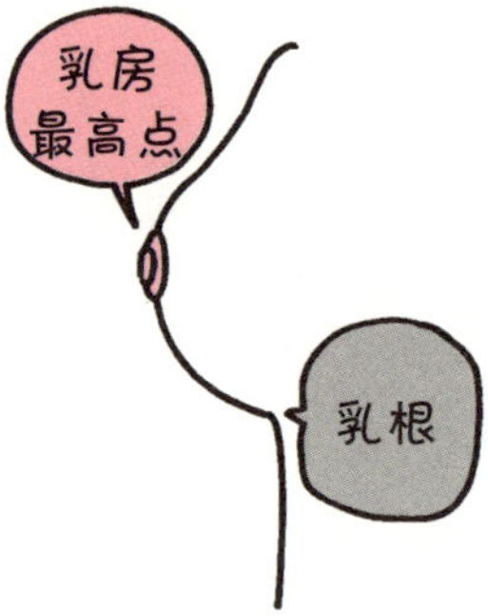

罩杯尺寸	上下胸围差
A 罩杯	10 厘米及以下
B 罩杯	11 ~ 13 厘米
C 罩杯	14 ~ 15 厘米
D 罩杯	16 ~ 20 厘米

上胸围指围绕乳房最高点测得的胸围，下胸围指围绕乳根测得的胸围。市面上也有专为青春期的女孩设计的上下胸围差小于 5 厘米的 AA 罩杯的文胸。

乳房明显隆起之后

乳房明显隆起之后，你就可以开始穿普通的文胸了。市面上有很多好看的文胸款式，去找一款自己喜欢的吧。

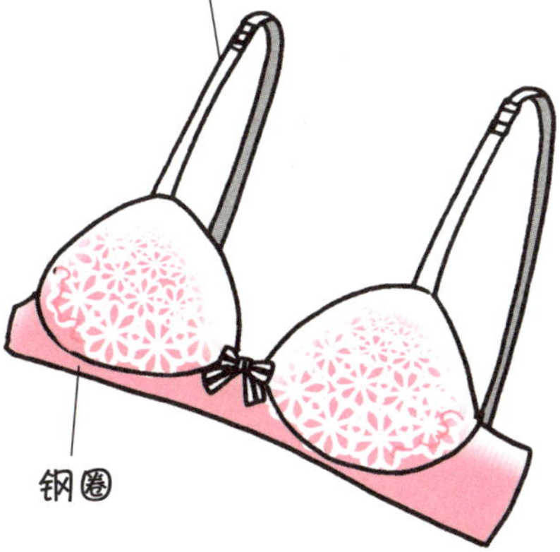

钢圈

一开始，建议你选择不带钢圈的款式，因为这样的文胸不会给你异物感。乳房发育成熟之后，你穿文胸的目的就变成了保持乳房的形状，此时就可以考虑穿带钢圈的文胸了。

肩带

市面上也有不带肩带的文胸。

小知识 什么时候开始穿文胸比较好？

当你注意到自己的乳房开始发育，并且比较在意它的时候你就可以穿啦！

哪怕理由是“某某穿文胸了，我也要穿”也完全可以。和关系很好的朋友一起穿的话，你会比较轻松、快乐吧。

跟父母说“给我买文胸吧”确实需要一些勇气，但有需要的时候，还是要勇敢地说出来。如果实在说不出口，你可以把这本书给他们看一看。

*文胸并不是非穿不可，如果自己不想穿，也不必勉强。穿与不穿都是你的自由。

脱毛的方法

随着激素的分泌，你的腿、手臂、嘴巴周围等部位的汗毛也会变得显眼。如果你觉得自己这些部位的汗毛影响美观，可以选择不伤害皮肤的方法来脱毛。

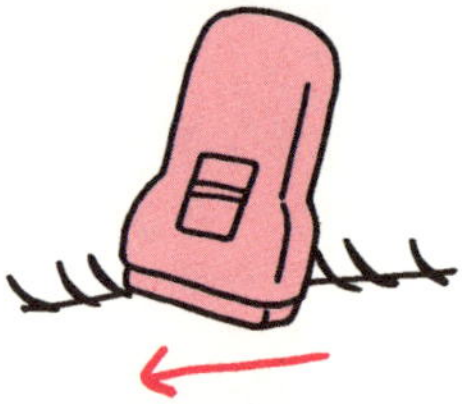

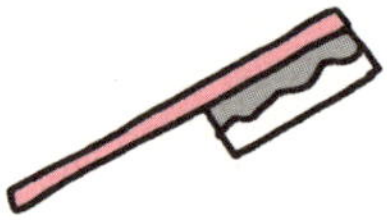

电动刮毛器

市面上有女性专用的电动刮毛器。一定要顺着汗毛生长的方向刮哟。刮毛前要在皮肤表面涂抹润滑油，刮毛后要涂抹护肤霜，以减少脱毛对肌肤造成的伤害。

剃毛刀

腋下专用、手臂专用、面部专用……市面上有针对身体不同部位的剃毛刀。使用剃毛刀时，剃毛刀会与皮肤直接接触，使用不当的话会导致破皮甚至出血，所以使用前最好在皮肤表面涂抹护肤霜或肥皂。

其他

脱毛的方法各式各样，但在这之前，你需要确认自己的皮肤状态是否适合脱毛。你如果不确定，可以事先和妈妈商量一下！

少女心是非常复杂的

对了，小步！
热热闹闹
今天在学校学了些什么呀？
明天有什么课呀？
来，蔬菜也要吃。
我吃饱啦！
哐当
小步的房间

我到底怎么了？
明明最喜欢爸爸妈妈了，但最近总是对他们不耐烦。
上周，我给自己桌子的抽屉上了锁。
抽屉里有好多不想让爸爸妈妈看到的东西！
与朋友交换的日记、给朋友写的诗、从同学那里收到的信……
交换日记
我之前什么都会跟妈妈说，没什么秘密……

可是，最近就是什么都不想说。
为什么我的想法会发生这么大的变化呢？
小步！
嘭
快乐兔！
我觉得自己怪怪的，听到爸爸妈妈问这问那的就感到烦躁……
感觉自己变成了令人讨厌的样子……
小步，这是每个人都会经历的阶段。
你的身体在发育的同时，你的心理也在发生变化。
爸爸妈妈还像之前对待小朋友那样对待你，你当然会感到不耐烦。

而且，你开始在意别人对自己的看法……
慢慢变得不知道怎么和家人相处。
另外，在这个阶段……
你变得不知该如何跟异性相处。
但同时，你对异性的兴趣越来越浓厚，希望自己变漂亮。
你想要受到异性的关注，并开始注重自己的外表。
为什么我的心理会发生这么大的变化呢？
大人
因为在成为大人的过程中，你的心理在不断地发展。

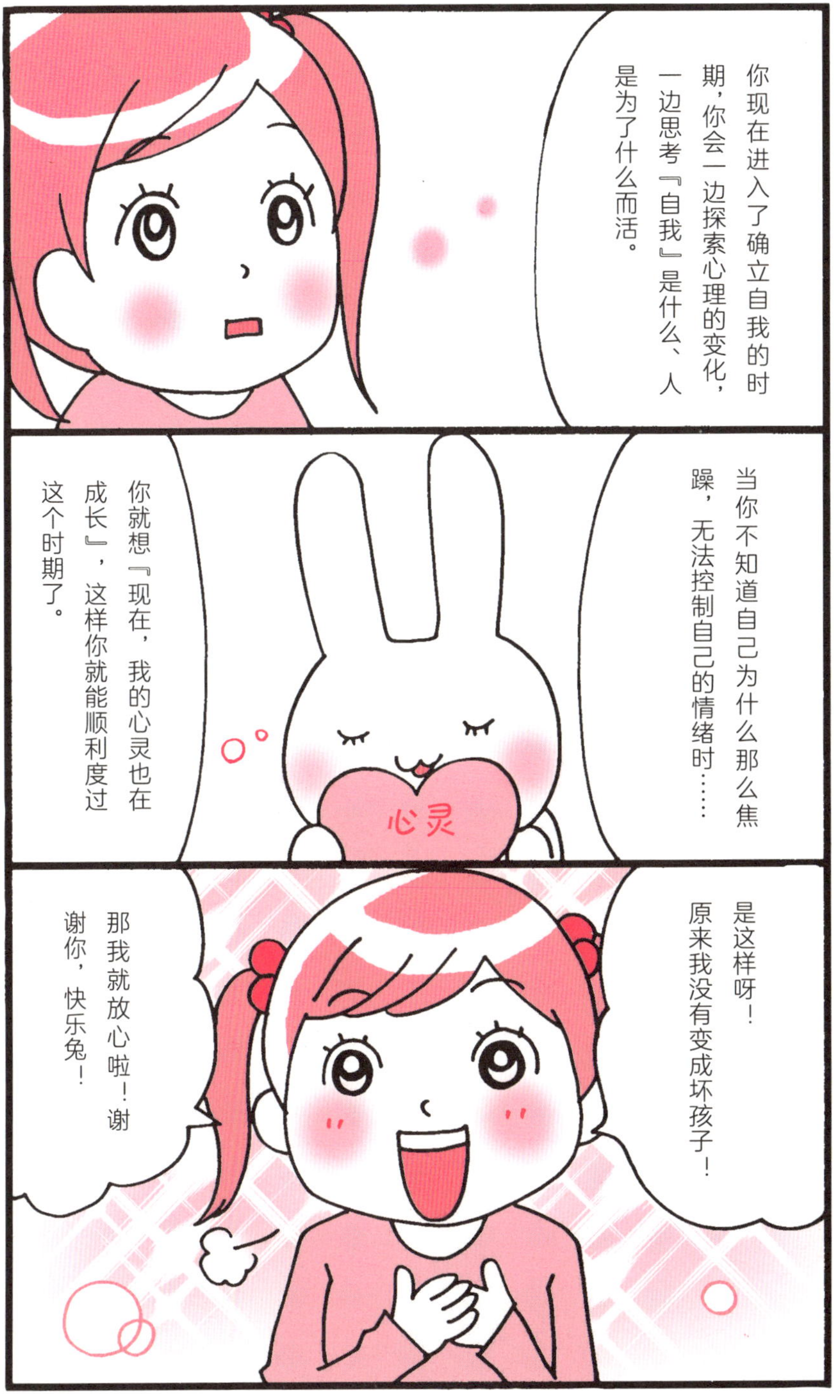
你现在进入了确立自我的时期，你会一边探索心理的变化，一边思考『自我』是什么、人是为了什么而活。
当你不知道自己为什么那么焦躁，无法控制自己的情绪时……
心灵
你就想『现在，我的心灵也在成长』，这样你就能顺利度过这个时期了。
是这样呀！原来我没有变成坏孩子！
那我就放心啦！谢谢你，快乐兔！

快乐兔留言 2

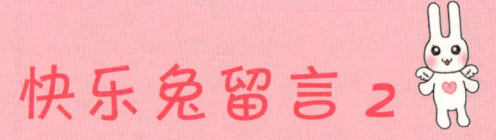

喜欢原原本本的自己吧！

在你刚开始来月经的这段时间里，你的身体在发育的同时，心理也在发生巨大的变化。

即将成为大人的你，会感到不安和焦虑，从而产生反抗父母的想法。

“为什么非要学习？”“为什么一定要听父母的话？”“自我到底是什么？”……你的心里会冒出各种各样的问题。

这段时间里，能让自己拥有积极心态的魔法就是——喜欢自己。

喜欢自己就要认可原本的自己，包括自己讨厌的方面，比如有点儿迟钝的自己、不擅长学习和运动的自己、和朋友吵架的自己……

不要责备自己，比如对自己说“唉！我怎么这么糟糕！”，而要对自己宽容、友善些，比如对自己说“虽然我不擅长学习和运动，但是我擅长画画！”“下一次和朋友说话要温柔一点儿。”。

认可真实的自己，身边的人也会认可你、喜欢你、支持你，这会让你感到幸福。

喜欢自己的人，也会很幸运！

知道自己想要做的事，每天都高兴地度过，就算遇到不开心的事情，也能积极面对，比如对自己说“下次注意就好啦！”“我没问题的！”。

温柔对待身边的人，你将会遇到投缘的朋友。

自尊自爱的你一定是一个美丽、开心、充满魅力的人！

不要太在意他人的目光，大声地说出自己的想法，你一定能成为一个充满笑容、被大家喜爱的人！

总之，喜欢自己，感谢当下的自己。

此外，一定要对给予自己生命的父母说一声谢谢。

如果你觉得害羞，当面说不出口，也可以给他们写信或发邮件！

在有很多想法或感悟的青春期，你如果能意识到父母的重要性，将来你为人母时，也能告诉你的孩子，父母与孩子之间的感情是多么珍贵。

如果能做到这些，你一定能成为一个温暖、幸福的人。

要知道，能让你幸福的不是别人，而是你自己。

与其整天气鼓鼓、别别扭扭的，不如多微笑，快乐、幸福地生活。

衷心祈盼你永远幸福。

小知识 性别刻板印象

有时候，一个男孩穿一件粉色的衣服可能会受到周围人的嘲笑。在这些人的观念里，只有女孩才用粉色的东西，比如穿粉色的衣服、用粉色的文具等，粉色似乎成了女性专用色。这就是一个典型的关于性别刻板印象的例子。

是谁规定男性不能穿粉色衣服的？没有人知道答案。但是，整个社会都在告诉我们，男性应该喜欢代表沉稳、理性的蓝色，而女性应该喜欢代表温暖、感性的粉色。这种观念反映了社会强加于个体的性别气质——男性应该冷静、果断，而女性应该温柔、可爱。但是，我们不应该以性别为由随意评价他人。

孩子们的问题Q&A

Q 脱毛后，再次长出的汗毛更粗，这是真的吗？

A 经常有人说脱毛后，再次长出的汗毛会更粗，其实脱毛之后，再次长出来的汗毛跟原本的汗毛一样粗。

脱毛的方法有很多种，你如果想脱毛，可以请教妈妈，或者问问朋友，看她们都采用哪种方法。

Q 马上要和朋友一起去旅行了，但是私处开始长阴毛，和大家一起泡温泉的时候会很丢脸吧，我该怎么办？

A 一般来说，所有女性到了一定的年龄，都会长阴毛。如果周围的朋友还没长，你就轻松地想：“我只是发育得比较快！”还是觉得害羞的话，你可以用毛巾遮一下，诚实地和朋友说：“我有点儿害羞！”这样就没问题了。

如果因为这件事被取笑，也不需要在意。而且，真正的朋友是不会取笑你的。

Q 夏天，文胸会从衣服里透出来，有没有什么“隐藏”文胸的方法？

A 可以穿材质轻薄的或者浅色的文胸；也可以改穿吊带文胸，它看上去和普通的吊带衫一样，不会引起别人的注意；还可以穿不透的夏衣。

Q 乳头颜色很深，感觉好羞耻……

A 乳头的颜色因人而异，也因时而异。在每次来月经前，你可能会觉得乳头颜色比之前深，其实这是受到性激素的影响，不必担心。

你就是你，乳头也是你的一部分，接受它，做你自己。

Q **不想被父母当作小孩子，我该怎么办？**

A 不管你几岁，在父母眼中你都是孩子，所以即使你长大了，父母也会不自觉地像对待小孩子一样对待你。这种时候，不要生气，试着和父母沟通，告诉他们你的想法，学会表达自己的情绪。

Q **和父母一起看电视剧时，看到接吻的画面我会觉得很尴尬！我为什么会这么想呢？**

A 你可能认为接吻是秘密的事情，所以和父母一起看到电视剧中接吻的画面时才会觉得尴尬。

你可以直接说："有点儿尴尬呀！"然后换台就行了。

有不想告诉父母的秘密，这是正常的吗？

到了一定的年龄后有自己的秘密是正常的，你不用对此有负罪感。

你如果不想把秘密告诉父母，但是又想和他们分享自己的心情，可以试着对父母说："今天真开心！"

如果他们问"发生什么好事了？"，你可以回答"具体的我暂时不想说，但我想与你们分享我的好心情"。

但是，如果发生了不好的事情，最好不要隐瞒父母。不要因为不想受到批评而选择隐瞒，尤其是遇到有可能威胁你的人身安全等后果十分严重的事情时。

第三章

对异性感到好奇是一件正常的事

对异性开始感兴趣，是心理健康发展的表现。

在这个时期，男孩的心理和身体也在发生变化。让我们来了解一些和男孩有关的知识吧。

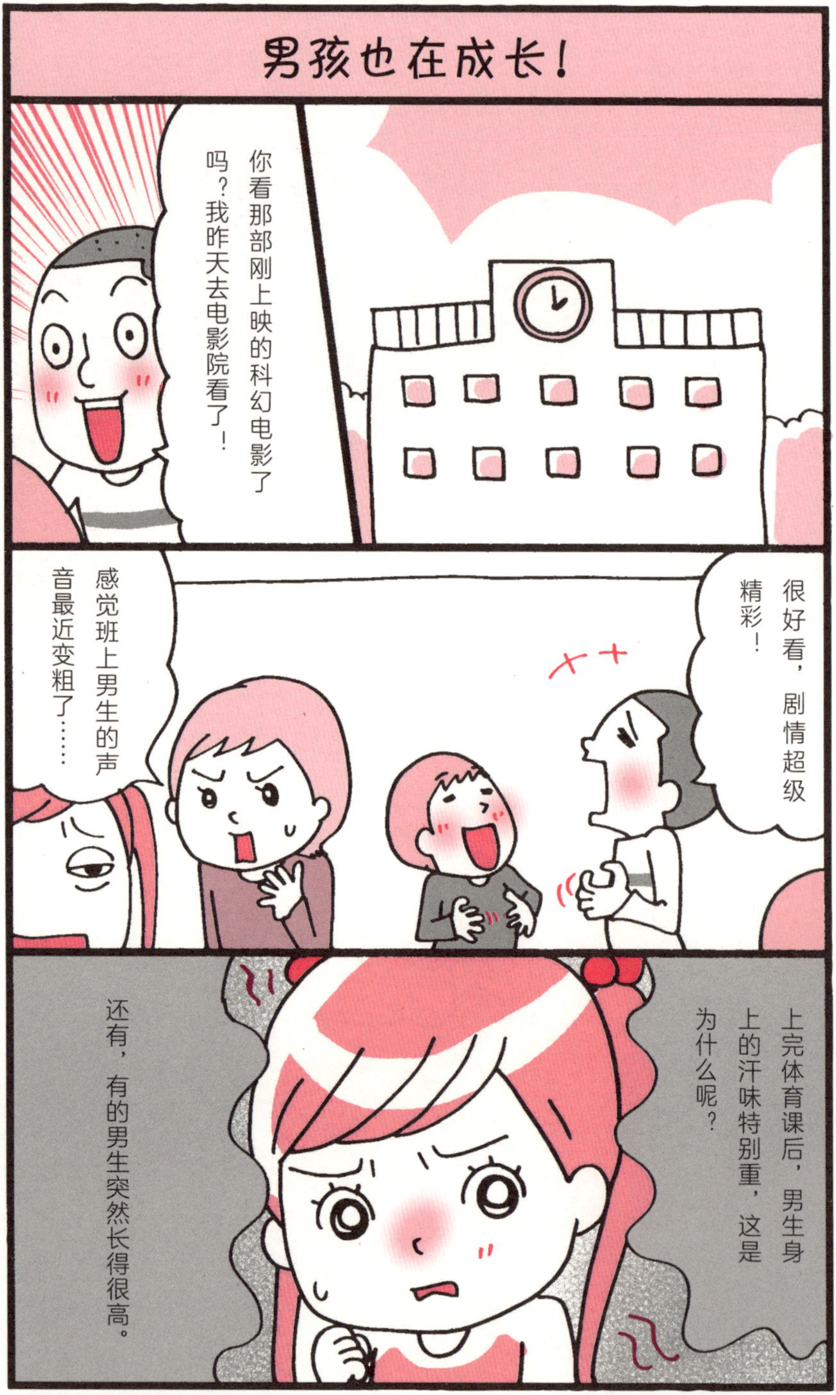
男孩也在成长！
你看那部刚上映的科幻电影了吗？我昨天去电影院看了！
很好看，剧情超级精彩！
感觉班上男生的声音最近变粗了……
上完体育课后，男生身上的汗味特别重，这是为什么呢？
还有，有的男生突然长得很高。

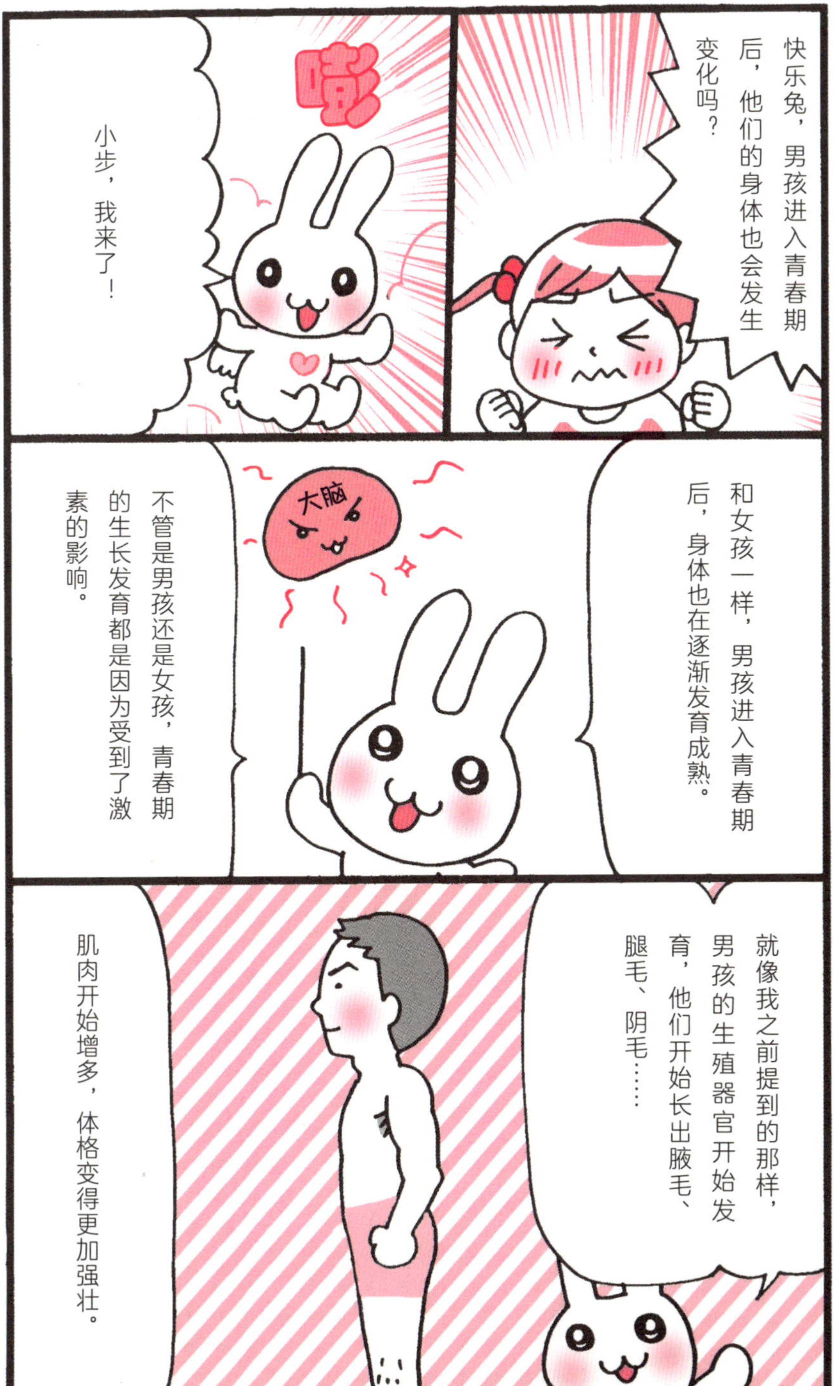
快乐兔，男孩进入青春期后，他们的身体也会发生变化吗？
嘭
小步，我来了！
和女孩一样，男孩进入青春期后，身体也在逐渐发育成熟。
大脑
不管是男孩还是女孩，青春期的生长发育都是因为受到了激素的影响。
就像我之前提到的那样，男孩的生殖器官开始发育，他们开始长出腋毛、腿毛、阴毛……
肌肉开始增多，体格变得更加强壮。

你有没有发现，处于青春期的你体味变重了，尤其是每次运动完，你的衣服上会有一些味道。
确实是这样！
你进入青春期后，汗腺的分泌功能逐渐增强，出汗量逐渐增多，难免会产生体味。
进入青春期后，男孩和女孩的大汗腺都会开始发育。但是，男性的大汗腺一般比女性发达，所以在相同的运动量下，男性出的汗一般比女性出的汗多。
原来是这样！
人的体味主要源于人体的汗腺和皮脂腺分泌的物质。一般来说，汗腺越发达的男性体味越重。
出汗是身体排毒的一种方式，如果不想有很重的体味，可以通过勤洗澡、勤换衣、吃清淡食物等方式保持身体清爽。

另外，无论是男孩还是女孩，进入青春期后，声音都会发生变化。
你可能注意到班上的男生声音变粗了，这是因为他们受到了雄激素的影响。
而且，雄激素会刺激喉部发育，让青春期的男孩喉结增大、突出。
因为男孩身体里分泌的雄激素较多，所以男孩的变声比女孩更加明显。
在这个时期，男孩的声音可能有些奇怪，甚至很难听。但度过变声期后，他们的声音会变得低沉、浑厚。
原来如此……

进入青春期后，男孩还会开始长胡子，体毛也会增多。
有的男孩的胡子比其他人的浓密，有的男孩的体毛比其他人要多，具体表现因人而异。
这种时候，我们不应该嫌弃或者取笑他们。
这些变化都是很正常的，表明他们的身体正在逐渐发育成熟。
原来如此，我对男生又多了一些了解。

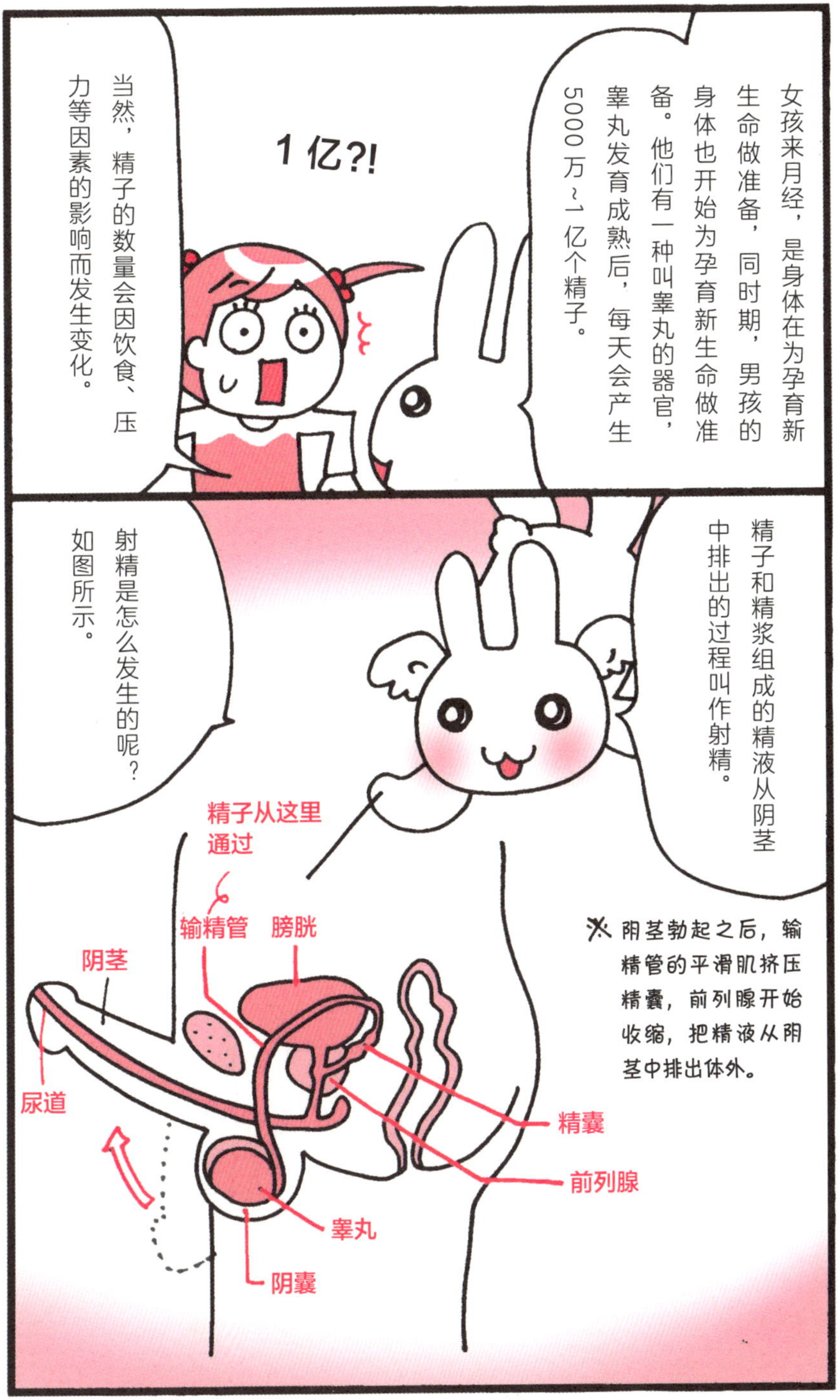

女孩来月经，是身体在为孕育新生命做准备，同时期，男孩的身体也开始为孕育新生命做准备。他们有一种叫睾丸的器官，睾丸发育成熟后，每天会产生5000万~1亿个精子。
1亿?!
当然，精子的数量会因饮食、压力等因素的影响而发生变化。
精子和精浆组成的精液从阴茎中排出的过程叫作射精。
射精是怎么发生的呢？如图所示。
精子从这里通过
输精管
膀胱
阴茎
尿道
精囊
前列腺
睾丸
阴囊
※阴茎勃起之后，输精管的平滑肌挤压精囊，前列腺开始收缩，把精液从阴茎中排出体外。

阴茎主要是由软软的海绵体构成的。
男性性兴奋时，大脑会收到一个信号。
大脑
大脑
然后大脑会发出分泌激素的指令。
在激素的作用下，阴茎的海绵体会充血，血液开始涌入海绵体，阴茎会变硬、变粗。
这个过程叫作勃起。
只要分泌激素，就会出现勃起，这是正常的生理现象。
早晨
有时，就算不经过大脑，当精子积攒过多，或者膀胱里的小便积攒过多时，阴茎也会勃起。

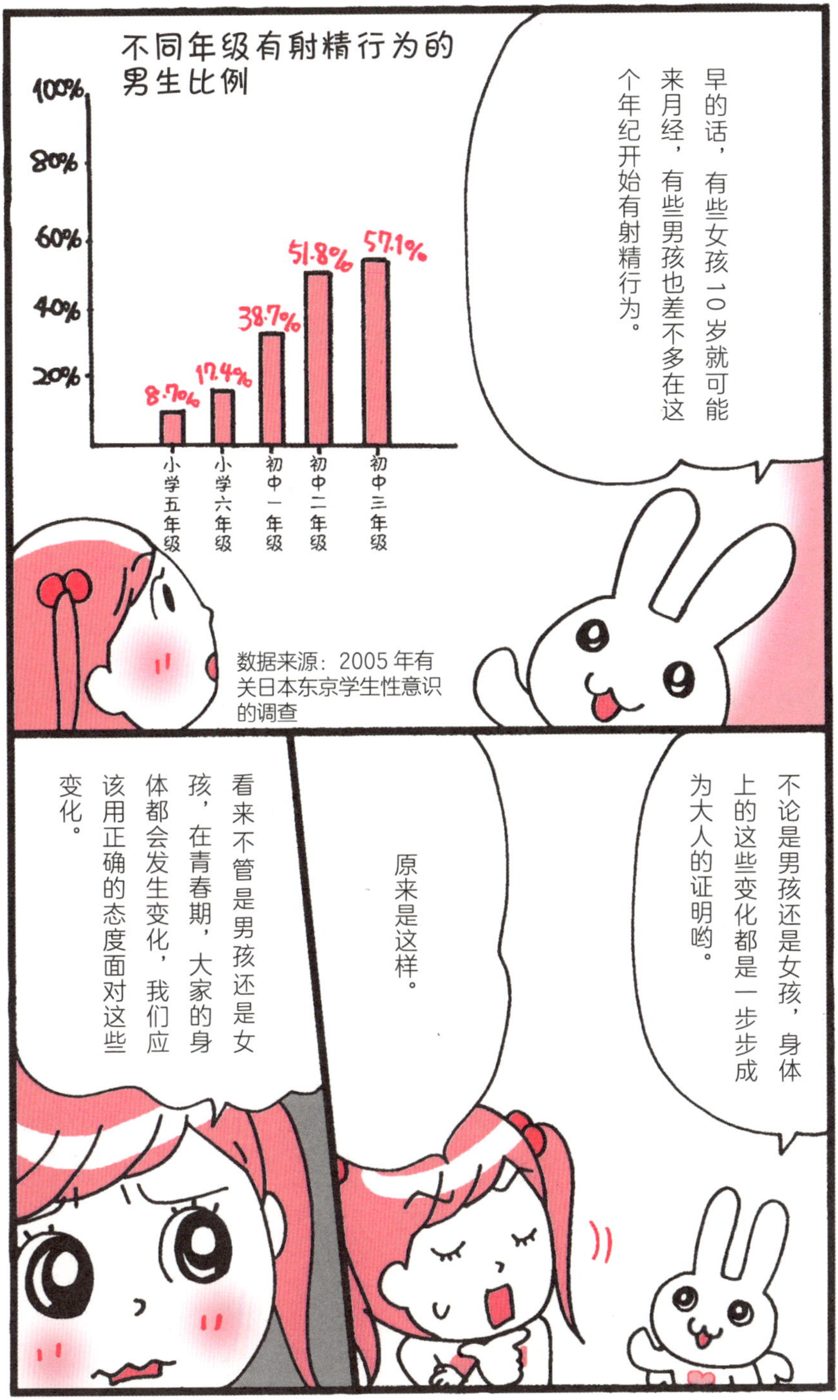

早的话，有些女孩10岁就可能来月经，有些男孩也差不多在这个年纪开始有射精行为。
不同年级有射精行为的男生比例
100%
80%
60%
40%
20%
8.7%
17.4%
38.7%
51.8%
57.1%
小学五年级
小学六年级
初中一年级
初中二年级
初中三年级
数据来源：2005年有关日本东京学生性意识的调查
不论是男孩还是女孩，身体上的这些变化都是一步步成为大人的证明哟。
原来是这样。
看来不管是男孩还是女孩，在青春期，大家的身体都会发生变化，我们应该用正确的态度面对这些变化。

开始在意异性……
小步！刚刚课上的笔记借我看看。
啊？嗯，好的！
谢谢！
发呆
小步，你在想什么？

快乐兔！你怎么在这里？
委屈
我早就来了，但你一直没注意到我！
我也不知道怎么回事……
最近，我格外关注佑介。
每次他和我说话，我都很开心。
你是不是喜欢他呀？
我才没有喜欢他！你别胡说八道了！！

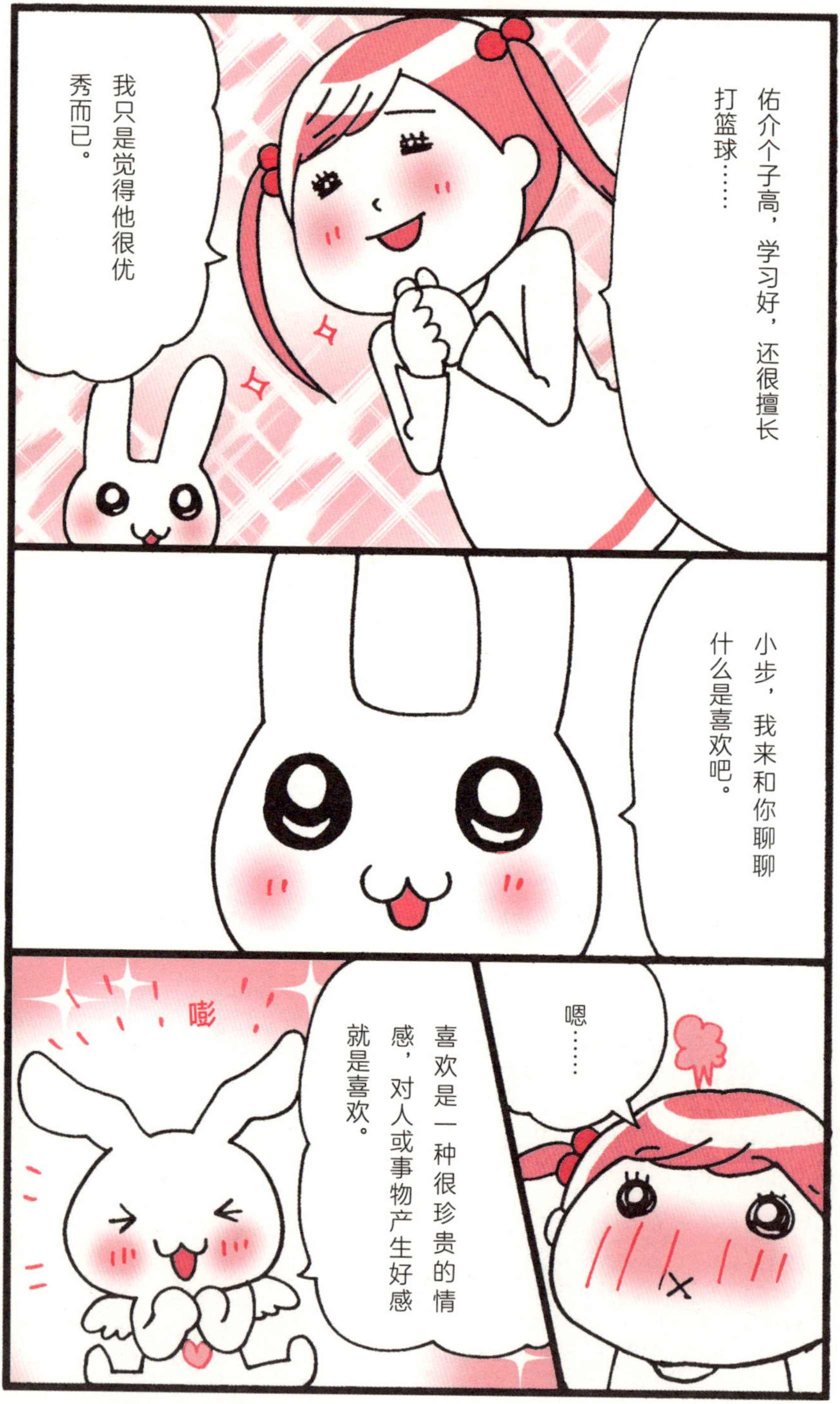
佑介个子高，学习好，还很擅长打篮球……
我只是觉得他很优秀而已。
小步，我来和你聊聊什么是喜欢吧。
嗯……
喜欢是一种很珍贵的情感，对人或事物产生好感就是喜欢。
嘭

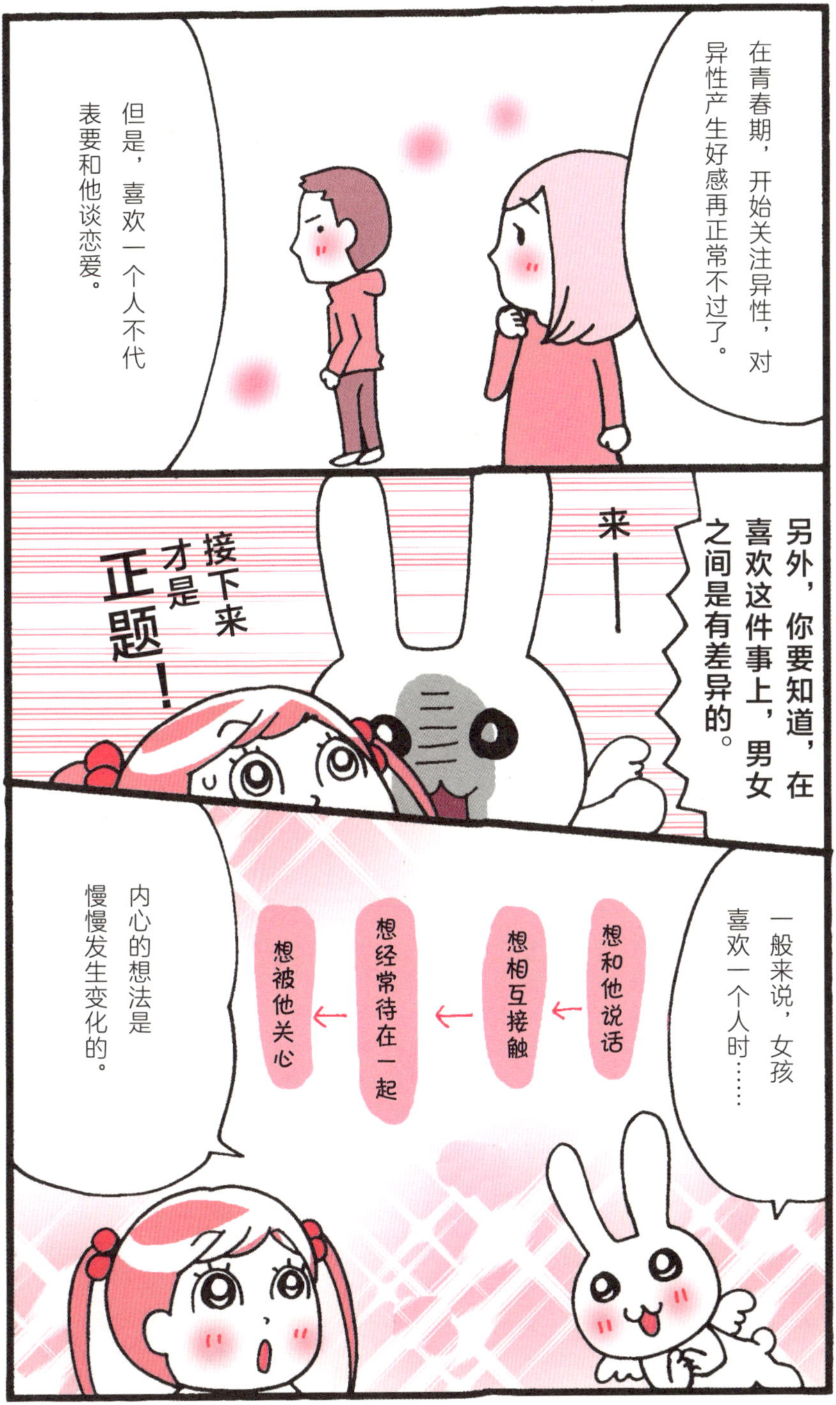
在青春期，开始关注异性，对异性产生好感再正常不过了。
但是，喜欢一个人不代表要和他谈恋爱。
另外，你要知道，在喜欢这件事上，男女之间是有差异的。
来——
接下来才是正题！
一般来说，女孩喜欢一个人时……
想和他说话
想相互接触
想经常待在一起
想被他关心
内心的想法是慢慢发生变化的。

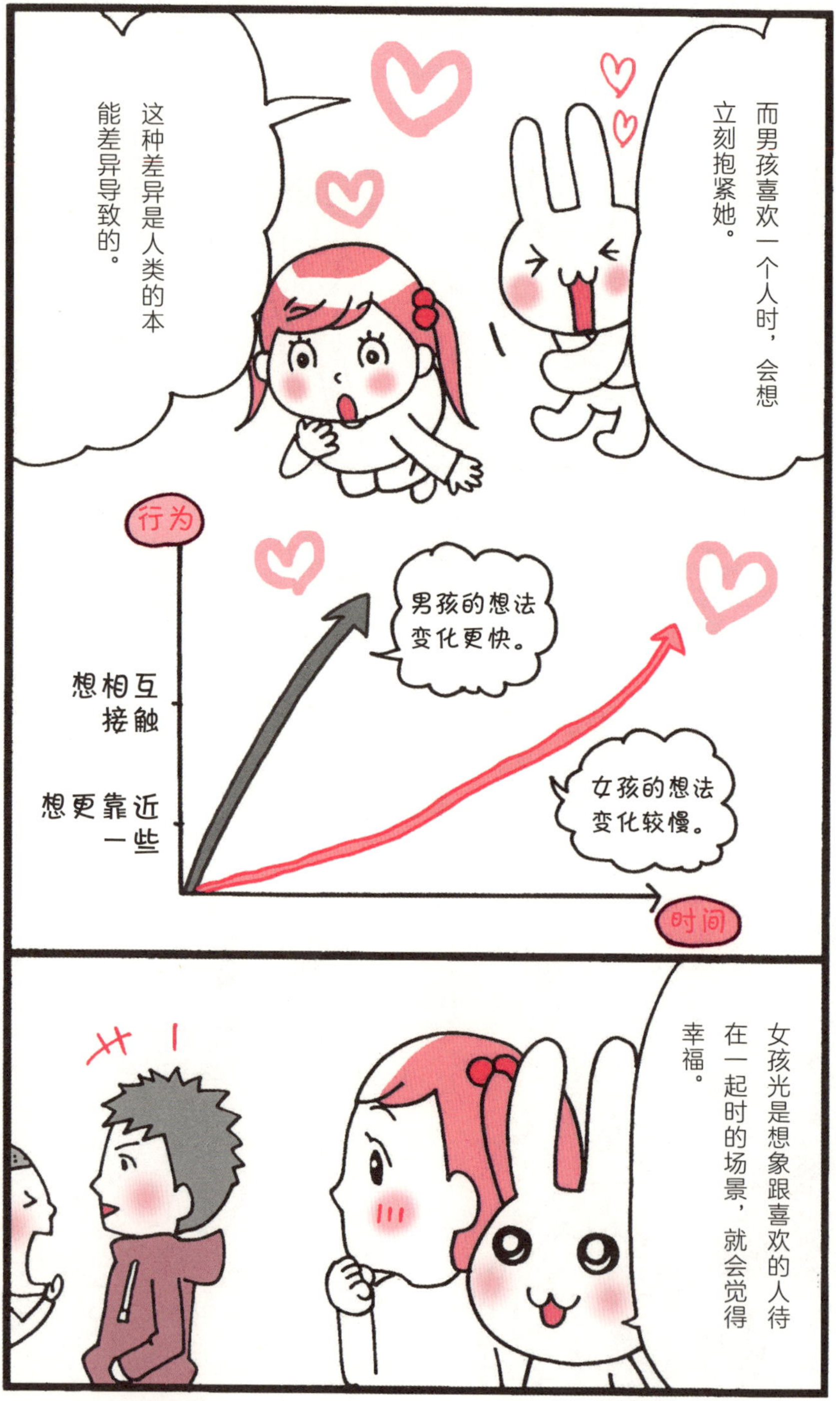
而男孩喜欢一个人时，会想立刻抱紧她。
这种差异是人类的本能差异导致的。
行为
想相互接触
想更靠近一些
时间
男孩的想法变化更快。
女孩的想法变化较慢。
女孩光是想象跟喜欢的人待在一起时的场景，就会觉得幸福。

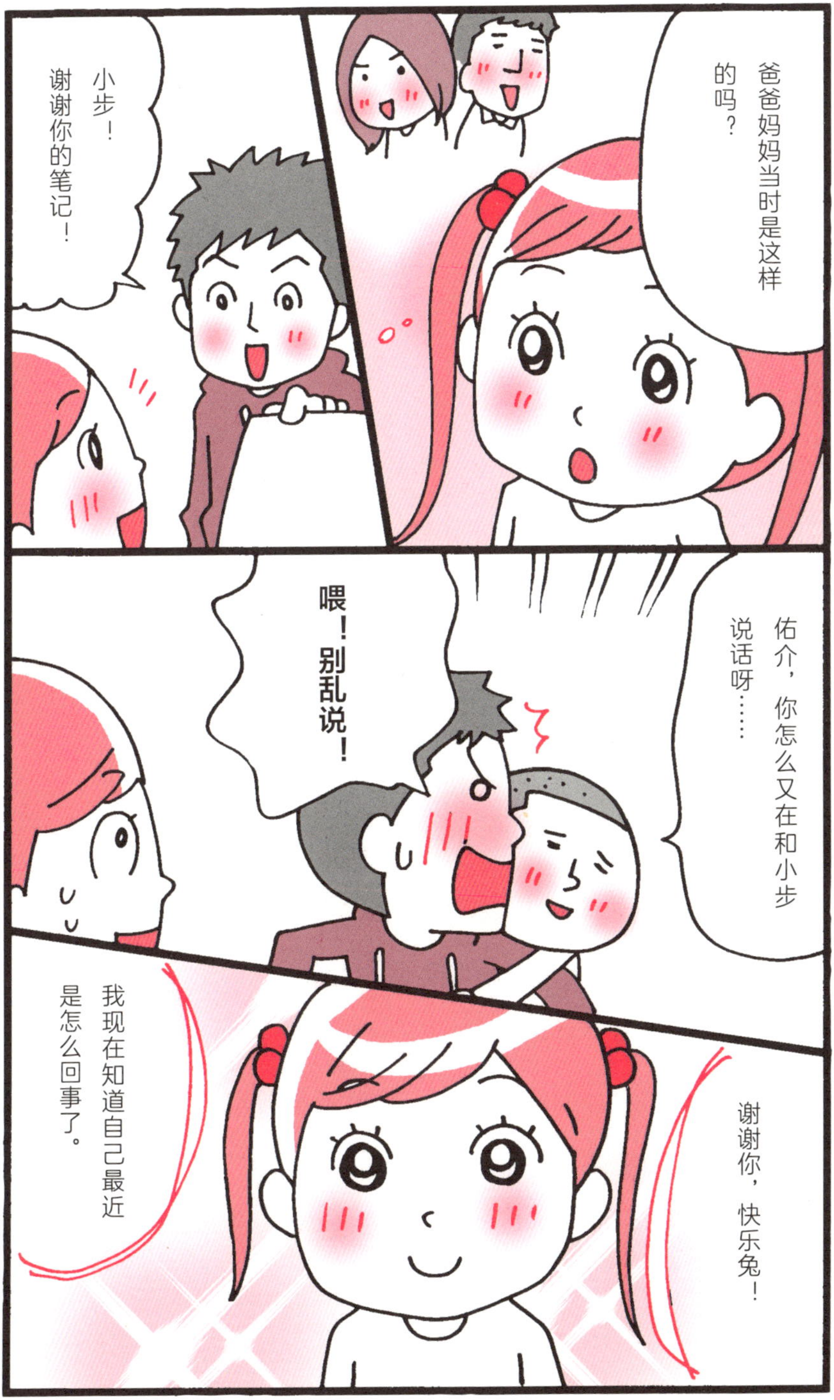
爸爸妈妈当时是这样的吗？
小步！谢谢你的笔记！
佑介，你怎么又在和小步说话呀……
喂！别乱说！
谢谢你，快乐兔！
我现在知道自己最近是怎么回事了。

快乐兔留言 3

喜欢一个人是怎么一回事？

你有没有喜欢过什么人？

一个人会喜欢另一个人，其实是一件非常不可思议的事情。

光是看见对方，就觉得很开心；只是和对方说几句话，就开心得不得了；想知道更多关于对方的事情……

连自己都说不清楚的各种情绪，会不会不断地涌出来呢？

其实，喜欢一个人并不是大脑缜密思考之后的结果，而是一种本能。你有没有这样的经历：比起头脑聪明、擅长体育的 A，你更喜欢和总是把大家逗笑的 B 待在一起？这就是你本能的选择。

现在的你，内心是非常诚实的，你会遵从自己的本能去做选择，包括择友。现在是你人生中一个非常美好的时期，一定要好好珍惜！

成年之后，有很多人会出于“会送我很多礼物”“是帅哥”等原因开始一段恋情。

你长大以后，如果内心产生了“我真的喜欢他吗？”这种疑问，试着问问自己：“和对方在一起时，我快乐吗？”

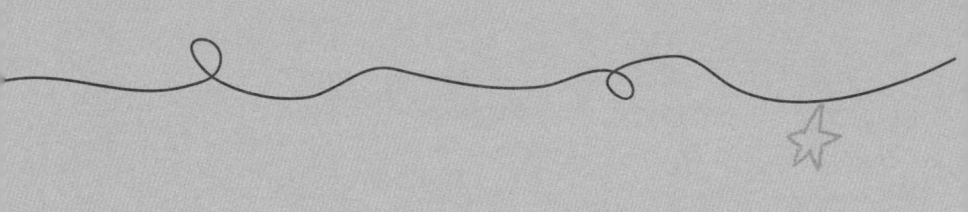

小知识 和朋友聊一聊

来月经、乳房发育、心理变化……你现在正处于为很多事感到烦恼的年纪。你如果跟父母开不了口，但又想和其他人说说自己内心的烦恼，不妨试着跟朋友聊一聊。向值得信赖的朋友倾诉烦恼，能让你的心情轻松一些。同时，你也可以听听朋友的烦恼，分享彼此的烦恼。当然，也要分享彼此的快乐。

不要抱着非得找到什么消除烦恼的办法去找朋友聊天，放轻松些，可以把对方当成树洞，可能你们聊着聊着，烦恼在不知不觉中就消失了。

如果和朋友聊过以后，烦恼还困扰着你，你就去问问大人吧。妈妈也好，姐姐也好，或者是值得信赖的女老师也好……你都可以找她们商量。你也可以问问爸爸，他或许能从不同的视角给你一些建议。

孩子们的问题 Q&A

Q **最近总是关注班里的一个男生，怎么办？**

A 在青春期，对异性格外关注甚至产生好感，喜欢上一个人是正常的。你可能会格外在意某个男孩的一言一行，总想着有关他的事，甚至时常因为他而感到开心和难过……你可以把青春期内心萌动的喜欢当作自己的秘密，也可以与能够替你保守秘密的好朋友分享自己的心情。

不过，喜欢和恋爱是不一样的。喜欢是你一个人的事，恋爱就复杂多了。你还是等自己足够成熟了再考虑恋爱的事吧！

Q 羡慕别人的身材，觉得自己不够苗条，我该怎么办？

A 　　重要的是做你自己。不必以大众眼中理想的女性身材为标准要求自己，成为健康、自信的女孩才最重要。

　　你要做的是珍惜食物，多吃蔬菜，多运动，做自己喜欢的事，保持微笑。一个自信又健康的女孩一定能闪闪发光。

Q 脸上长痘了，很难看。怎么办？

A 　　进入青春期后，受激素的影响，皮肤分泌的皮脂增多，很多人都会长痘，这是很正常的现象。

　　不要因为觉得难看就随便挤痘痘，做好面部清洁、保湿，保持健康的生活习惯，皮肤会慢慢变好的。如果面部长痘情况十分严重，建议你去医院的皮肤科向医生咨询，接受专业的治疗。

Q 隐私部位有哪些？

A 女孩的隐私部位包括阴部、臀部、乳房等。

重视隐私部位，就是重视“生命”和“性”。一定要注意，不能随意让别人看或触碰自己的隐私部位，也不要允许别人随意谈论你的隐私部位，女孩要保护好自己。

Q 身边的同学个子都比我高，我很自卑。怎么办？

A 每个人发育的时间不一样，有些人发育得早，有些人发育得晚，没有必要和别人比较。而且，一个人的身高受很多因素的影响。人的个子有高有矮是个体差异的体现。不要把个子矮当成自己的缺点，要发现自己的闪光点，做一个自信、大方的人。

明明之前一直很喜欢爸爸，但最近觉得跟爸爸没那么亲近了，这是怎么回事？

这是很正常的现象。一直以来，你只是把爸爸当成家庭里的一员，但是到了青春期，你开始意识到爸爸同时还是男性，因此你在不知不觉间和他产生了距离感。

这种时候，你可以试着和妈妈沟通。妈妈作为女性，她也有过这样的时期，肯定能理解你的想法。她会让爸爸多注意你的感受。

爸爸每天都在很辛苦、很努力地工作，你如果能想到这一点，排斥爸爸的感觉或许就能减轻一些。

第四章

你应该知道的关于性的事

青春期的你需要掌握两性知识，这对女孩来说非常重要！

孕育新生命

你在想什么？
快乐兔！你怎么出现了？
每次看到可爱的小宝宝，我总是好奇他们是怎么出生的。当我问爸爸妈妈这个问题时，他们总是支支吾吾的。你能告诉我这到底是怎么回事吗？
在回答这个问题之前，我先解释一下『性行为』这个词。广泛来说，性行为指生物为繁衍后代发生的与性有关的行为。
以花为例。雌蕊被雄蕊授粉之后才可以结出果实，你可以把授粉理解为一种性行为。
如果没有授粉这个过程，植物就无法进行繁衍。
人类繁衍后代的方式与之类似。

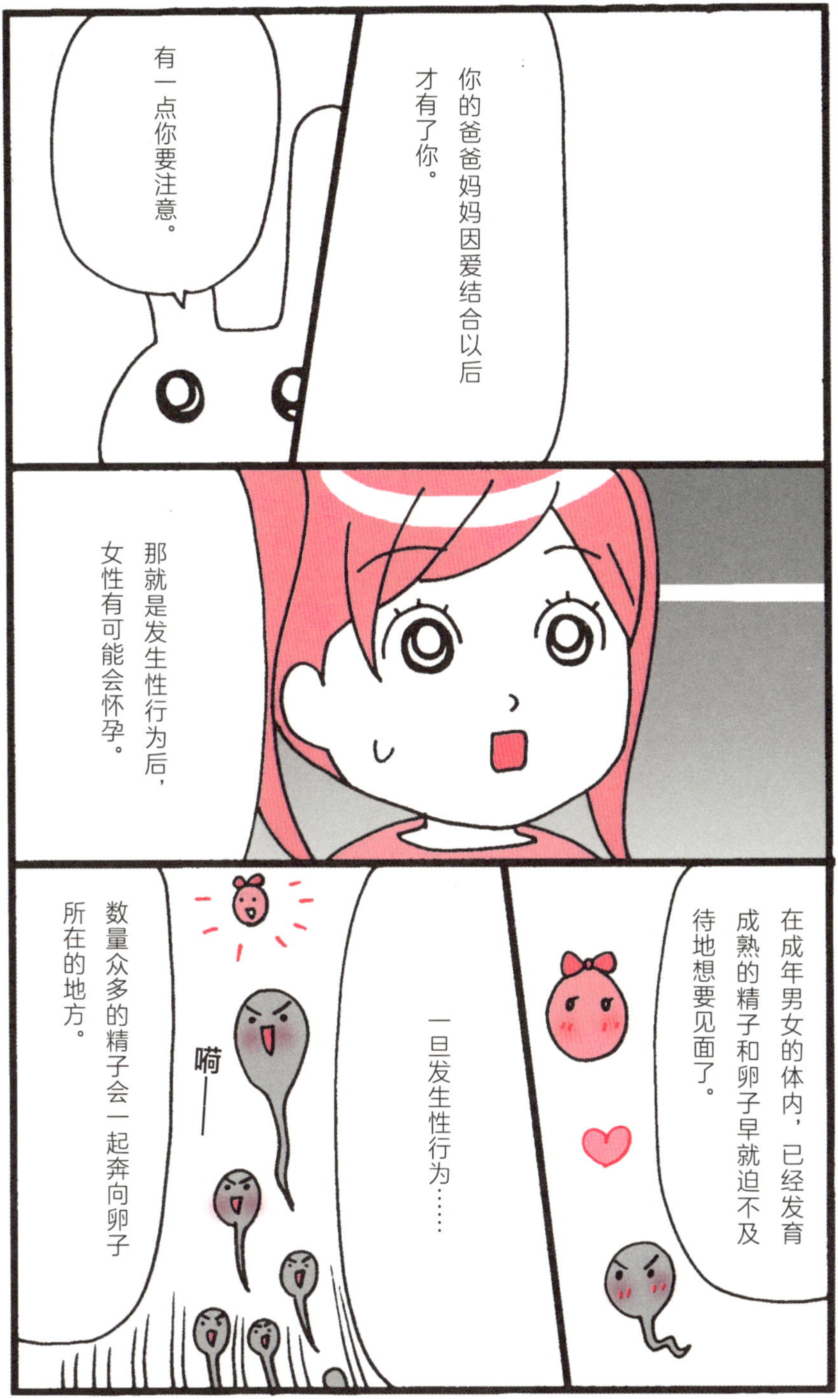
你的爸爸妈妈因爱结合以后才有了你。
有一点你要注意。
那就是发生性行为后，女性有可能会怀孕。
在成年男女的体内，已经发育成熟的精子和卵子早就迫不及待地想要见面了。
一旦发生性行为……
嗬——
数量众多的精子会一起奔向卵子所在的地方。

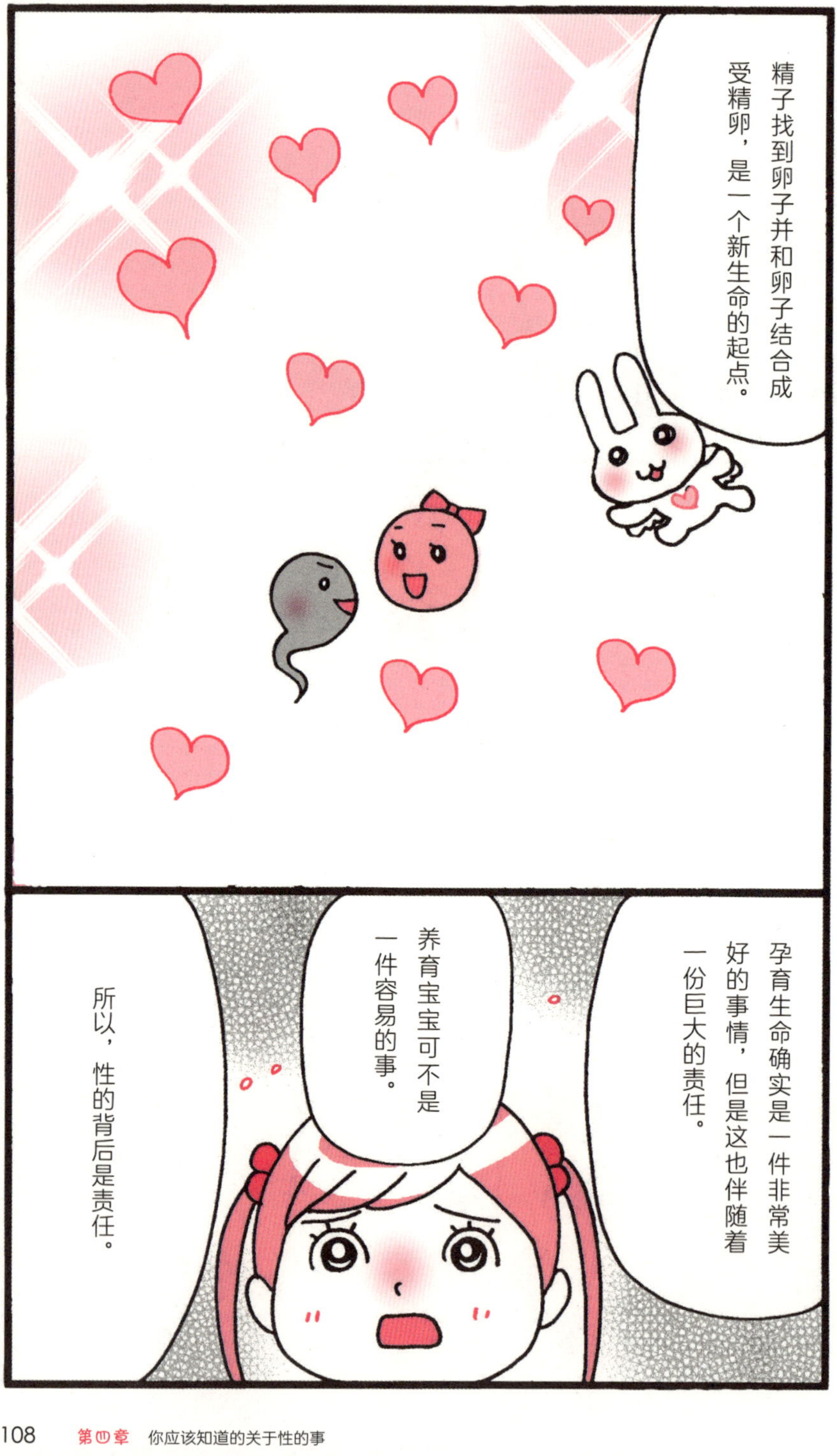
精子找到卵子并和卵子结合成受精卵，是一个新生命的起点。
孕育生命确实是一件非常美好的事情，但是这也伴随着一份巨大的责任。
养育宝宝可不是一件容易的事。
所以，性的背后是责任。

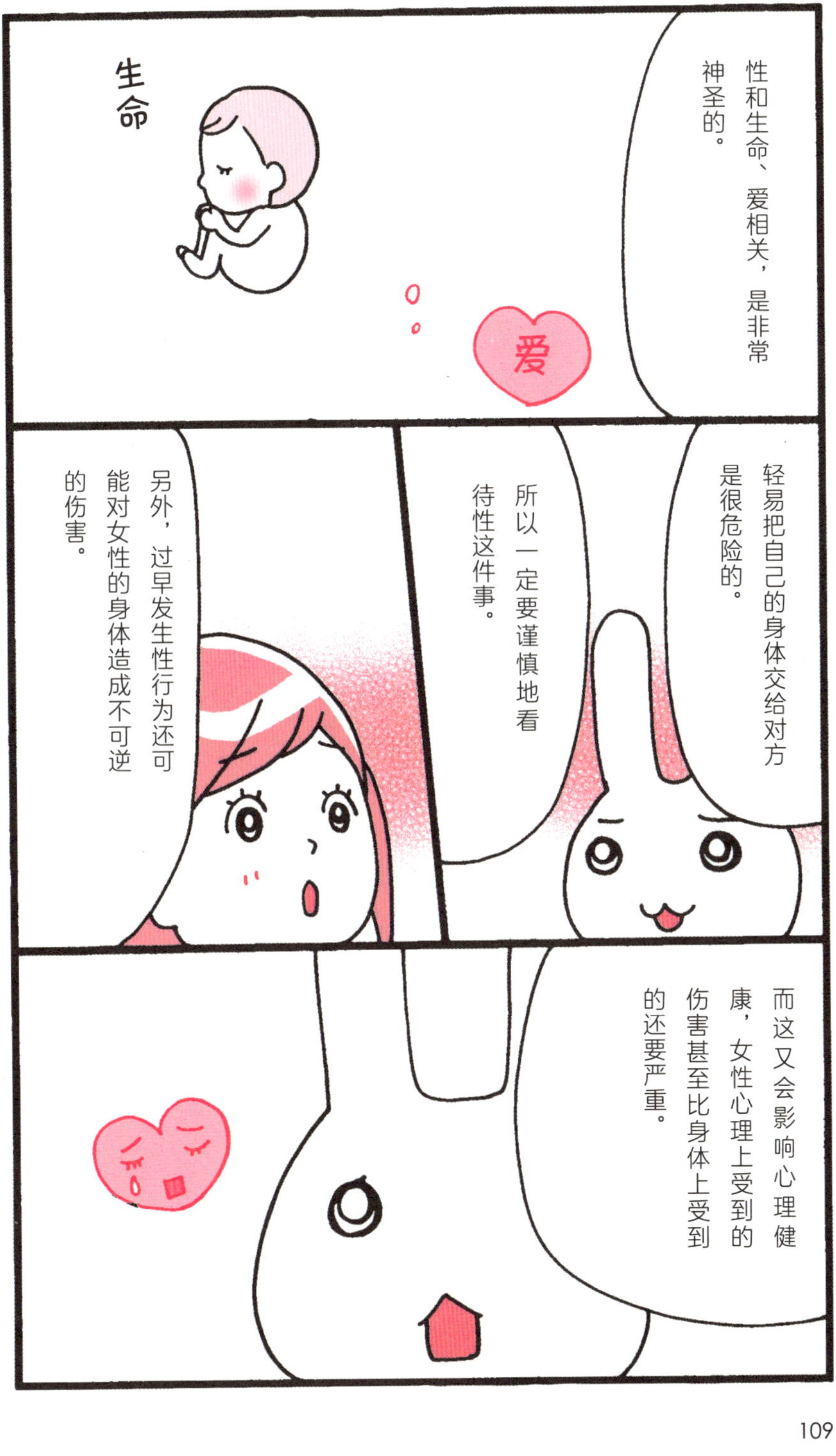
性和生命、爱相关，是非常神圣的。
生命
爱
轻易把自己的身体交给对方是很危险的。
所以一定要谨慎地看待性这件事。
另外，过早发生性行为还可能对女性的身体造成不可逆的伤害。
而这又会影响心理健康，女性心理上受到的伤害甚至比身体上受到的还要严重。

即使在成年之后，你也不要急着去体验性，在自己不愿意或者没考虑清楚的情况下，你要直接拒绝。
你可以跟对方解释一下拒绝的理由。
如果对方珍视你，他会尊重你的意愿，这是他爱惜你的表现。
要好好保护自己哟！
原来新生命是这么来的。谢谢快乐兔！
我一定会保护好自己的。

小知识 勇敢地说“不”

无论是在学校、地铁，还是在商场里，如果有人故意触碰你的身体，一定不要因为害羞或者害怕而选择默默忍耐，要大声地和对方说：“不要碰我！”

拒绝不是一件容易的事，需要勇气和决心。一味地退让很容易让我们失去原则和底线，甚至让自己受到伤害。在原则和底线问题上，一定不要害怕和别人发生冲突，要勇敢、明确地表达你的想法和感受。

隐私部位是绝对不能让人触碰的，身体的其他部位也不要让人随意触碰。即使是你认识的人，没有得到你的允许，也不能随意触碰你的身体。如果发现可疑的人，或发生任何让你觉得不舒服的事情，你都要向父母、老师等你信得过的大人寻求帮助。

你的身体属于你自己，要保护好自己的身体。

性相关疾病

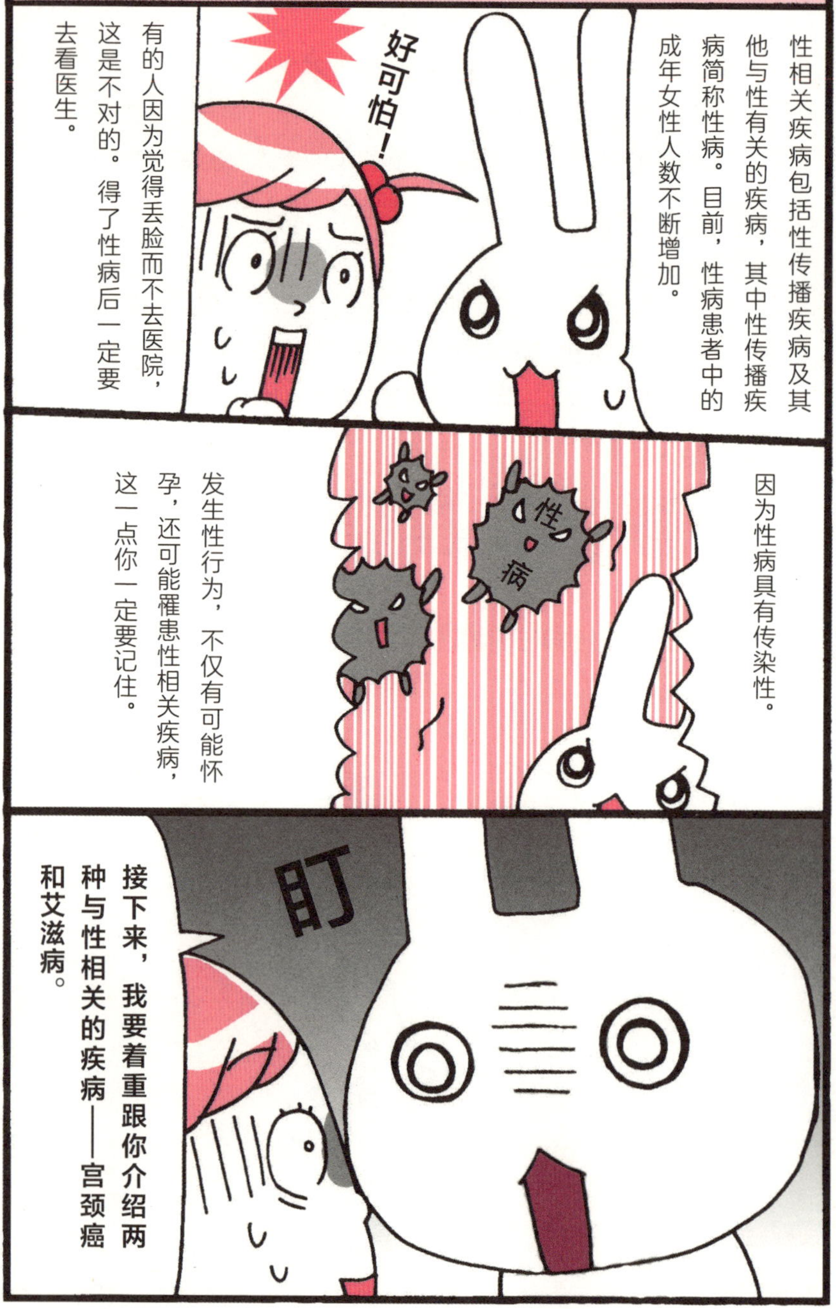
性相关疾病包括性传播疾病及其他与性有关的疾病，其中性传播疾病简称性病。目前，性病患者中的成年女性人数不断增加。
好可怕！
有的人因为觉得丢脸而不去医院，这是不对的。得了性病后一定要去看医生。
因为性病具有传染性。
性
病
发生性行为，不仅有可能怀孕，还可能罹患性相关疾病，这一点你一定要记住。
盯
接下来，我要着重跟你介绍两种与性相关的疾病——宫颈癌和艾滋病。

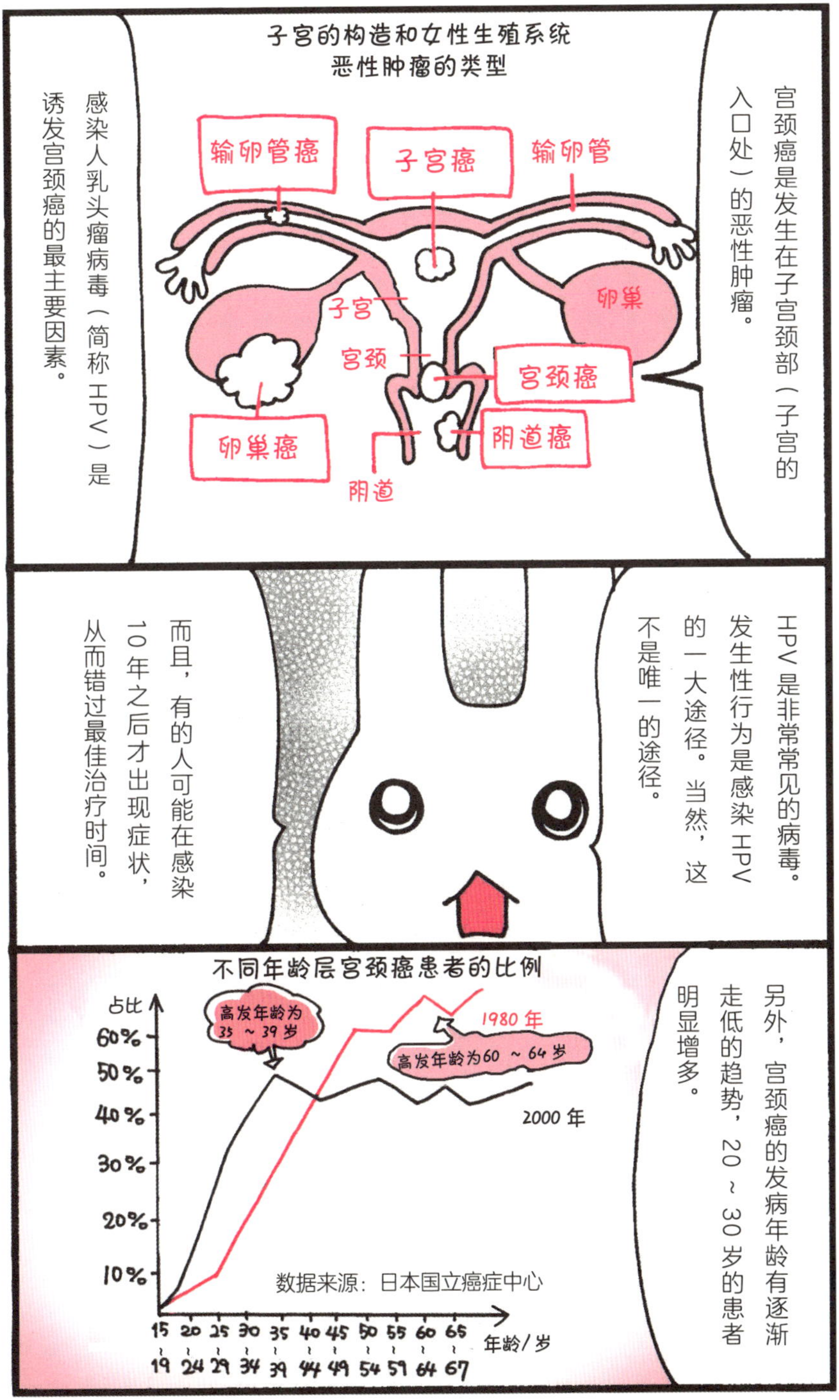
宫颈癌是发生在子宫颈部（子宫的入口处）的恶性肿瘤。
子宫的构造和女性生殖系统
恶性肿瘤的类型
输卵管癌
子宫癌
输卵管
子宫
卵巢
宫颈
宫颈癌
卵巢癌
阴道癌
阴道
感染人乳头瘤病毒（简称HPV）是诱发宫颈癌的最主要因素。
HPV是非常常见的病毒。发生性行为是感染HPV的一大途径。当然，这不是唯一的途径。
而且，有的人可能在感染10年之后才出现症状，从而错过最佳治疗时间。
另外，宫颈癌的发病年龄有逐渐走低的趋势，20～30岁的患者明显增多。
不同年龄层宫颈癌患者的比例
占比
60%
50%
40%
30%
20%
10%
高发年龄为35～39岁
1980年
高发年龄为60～64岁
2000年
数据来源：日本国立癌症中心
15～19
20～24
25～29
30～34
35～39
40～44
45～49
50～54
55～59
60～64
65～67
年龄/岁

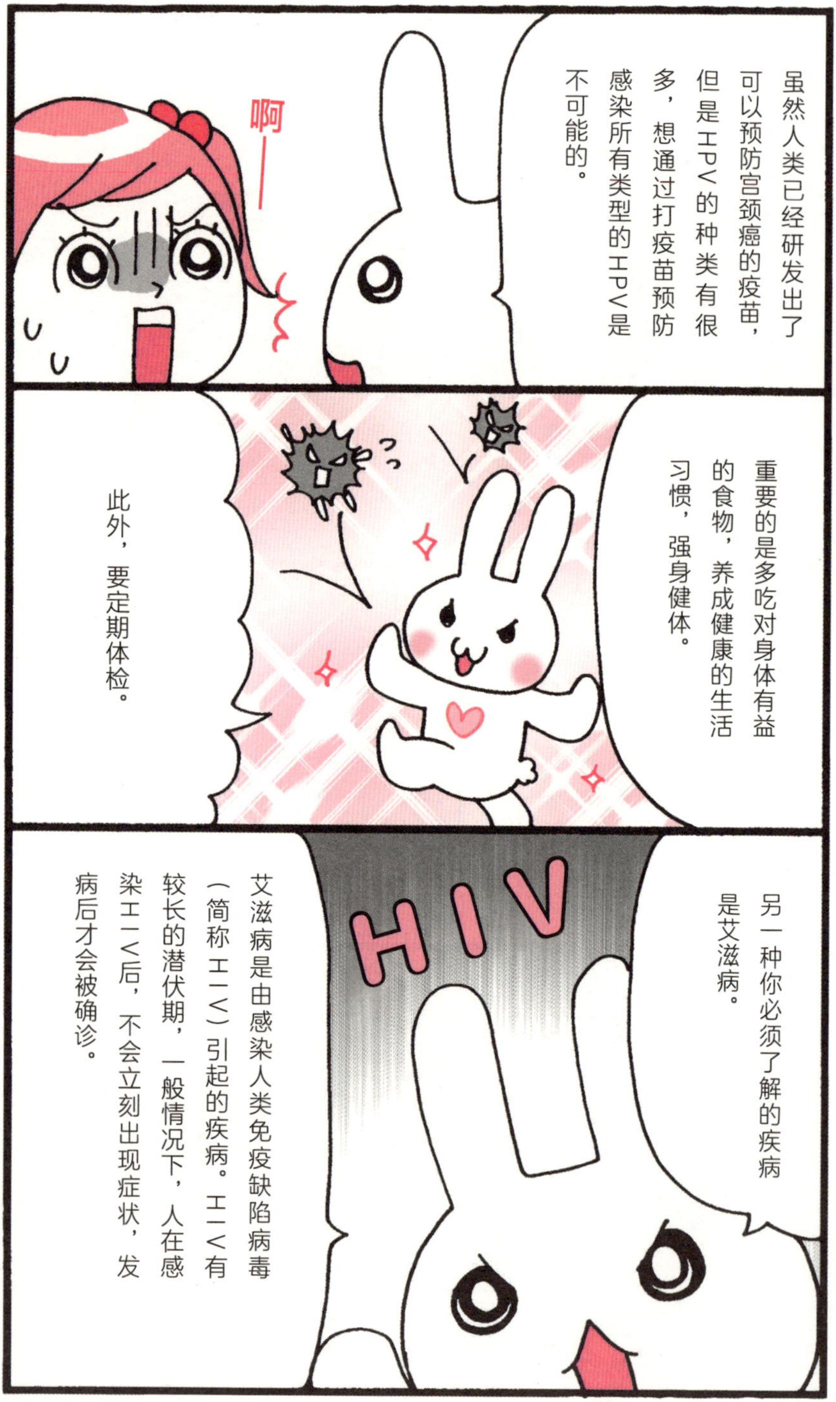
虽然人类已经研发出了可以预防宫颈癌的疫苗，但是HPV的种类有很多，想通过打疫苗预防感染所有类型的HPV是不可能的。
啊——
重要的是多吃对身体有益的食物，养成健康的生活习惯，强身健体。
此外，要定期体检。
另一种你必须了解的疾病是艾滋病。
HIV
艾滋病是由感染人类免疫缺陷病毒（简称HIV）引起的疾病。HIV有较长的潜伏期，一般情况下，人在感染HIV后，不会立刻出现症状，发病后才会被确诊。

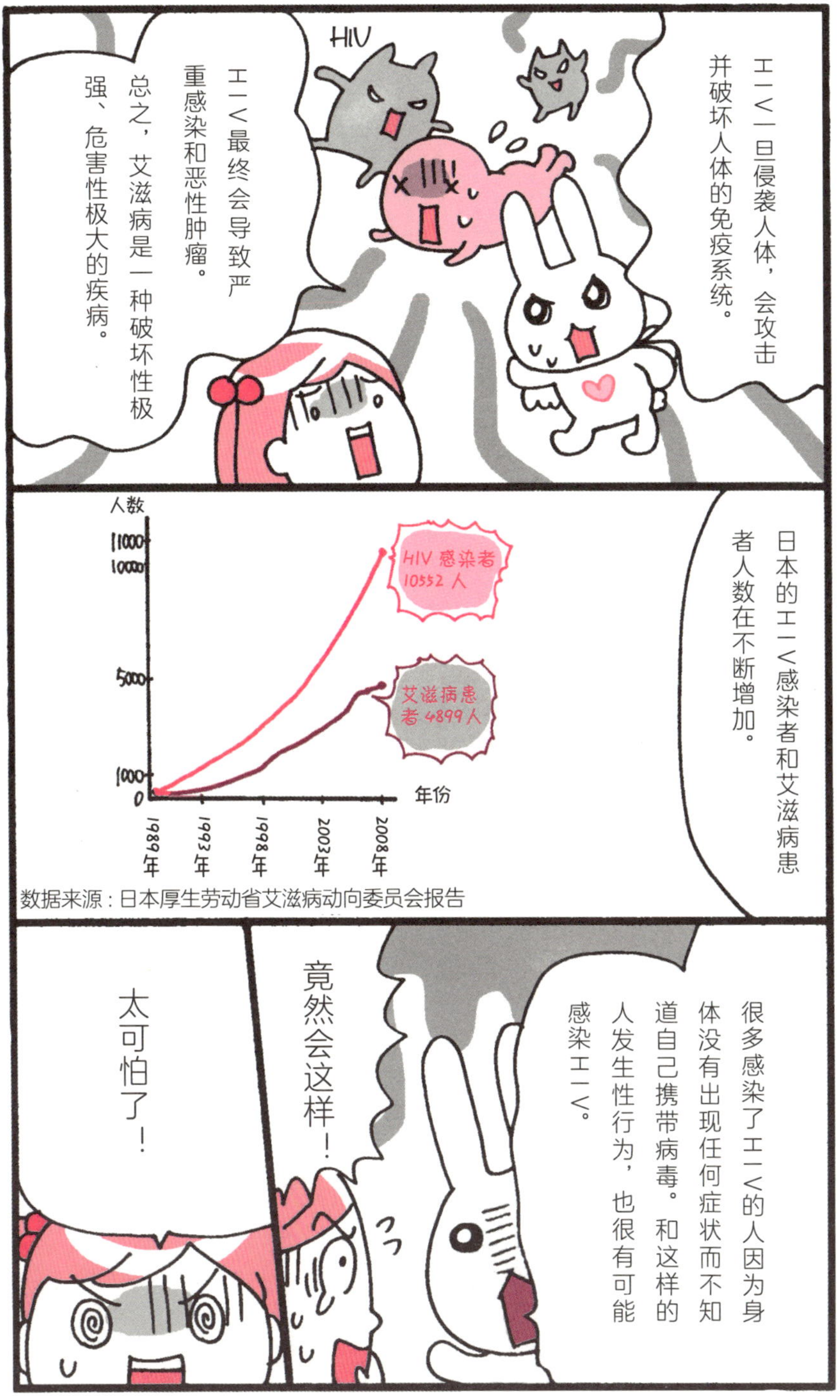

エーV一旦侵袭人体，会攻击并破坏人体的免疫系统。
HIV
エーV最终会导致严重感染和恶性肿瘤。
总之，艾滋病是一种破坏性极强、危害性极大的疾病。
日本的エーV感染者和艾滋病患者人数在不断增加。
人数
11000
10000
5000
1000
0
年份
1989年
1993年
1998年
2003年
2008年
HIV感染者 10552人
艾滋病患者 4899人
数据来源：日本厚生劳动省艾滋病动向委员会报告
很多感染了エーV的人因为身体没有出现任何症状而不知道自己携带病毒。和这样的人发生性行为，也很有可能感染エーV。
竟然会这样！
太可怕了！

●关于避孕
在无法为自己的行为负责的时候，不发生性行为是最好的选择。
到一定年龄后，相爱的两个人可能会情不自禁……这种时候，要好好跟对方谈一谈，做好避孕措施。
采取避孕措施，不仅可以避免意外怀孕，还可以预防性相关疾病。
这样啊。
避孕有不同的方式，服用避孕药是比较常见的一种方式。
但是服用避孕药并不能百分之百避孕。而且，服用避孕药很可能出现副作用，对身体造成伤害。

另外，服用避孕药无法预防性相关疾病，所以服用避孕药的同时使用避孕套是比较安全的做法。
避孕套
避孕药
安心！
对女性来说，了解意外怀孕的风险和性相关疾病的危害，知道采取避孕措施的必要性，是非常重要的！
虽然我觉得这些事情离我还很遥远，但我会牢牢记住这些知识。
快乐兔，谢谢你！

快乐兔留言 4

学会感激和尊重父母

你的父母为了迎接你的到来，做了很多的准备，付出了巨大的努力。

处于青春期的你，可能容易产生各种各样的情绪，变得有点儿叛逆，觉得父母很唠叨，只会跟你说好好学习，你有些抗拒和他们交流。但是，你要学会换位思考，多考虑父母的心情，他们只是想给你更多关爱，想了解你的想法，陪你一起度过青春期。

你可以试着向父母表达自己的心情，多和他们交流。对父母多些耐心，学会感激和尊重他们。

成为妈妈是怎么回事？

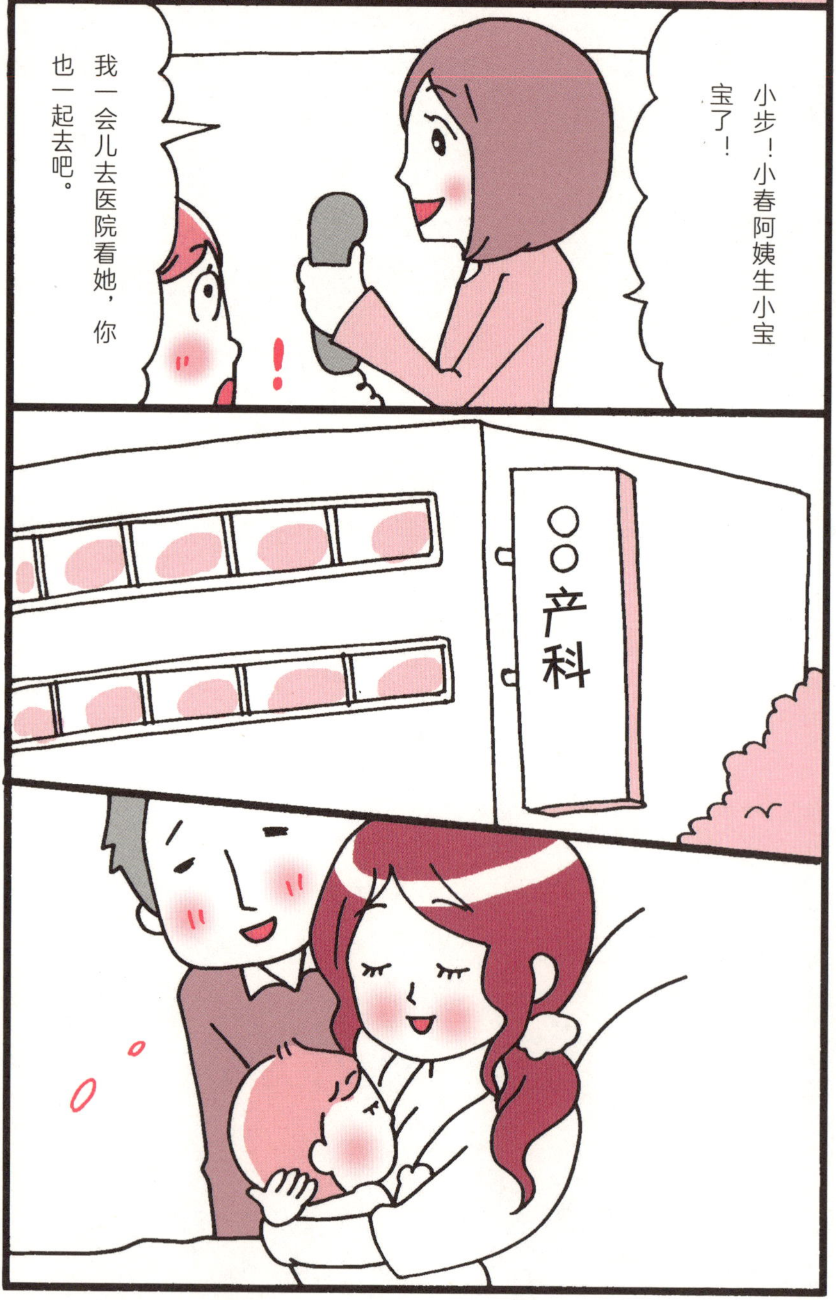
小步！小春阿姨生小宝宝了！
我一会儿去医院看她，你也一起去吧。
○○产科

好可爱！
小步，新生儿室里有很多刚刚出生的小宝宝，你可以去看看。
好！
新生儿室

太可爱了！
眼睛像你。
嘴巴好像你呀！

相爱的夫妻孕育的孩子，是他们之间爱的证明，孩子会非常幸福。
我也一样，我是在爸爸妈妈满满的期待中出生的孩子。

妈妈……
怎么啦，小步？
妈妈，我出生的时候，你觉得幸福吗？
当然啦！看到你健健康康的，我真的超级开心！
不管遇到多大的困难，只要想到你，妈妈就觉得自己能挺过去。
你永远是爸爸妈妈的宝贝！

我以后要像妈妈一样，爱自己的孩子！

从奇迹般的相遇到生命的诞生

新生命的诞生是一个奇迹，下面将为你介绍生命诞生的过程。

1 爸爸妈妈相爱

2 精子努力游进生命通道

爸爸的精子不断涌入生命通道（妈妈的阴道）。一般情况下，500 万～1 亿个精子中只有一个可以和卵子相遇，光是这一点就是一个奇迹。

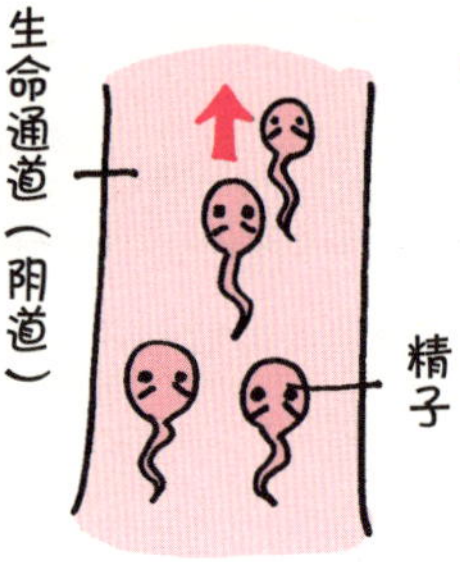

3 一半以上的精子被淘汰

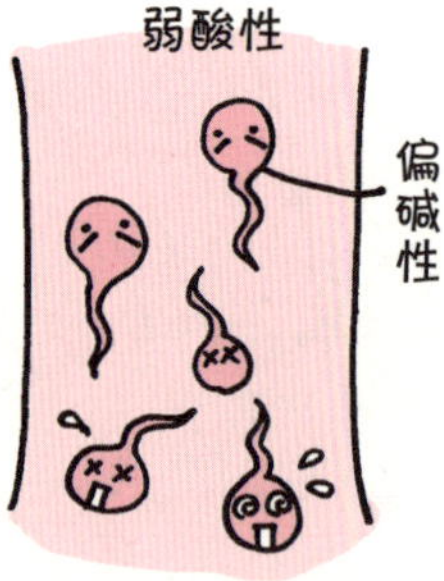

阴道内环境呈弱酸性，而精子偏碱性。因为酸碱不相容，在通过阴道的过程中有一半以上的精子会被淘汰。

4 遭到白细胞的攻击

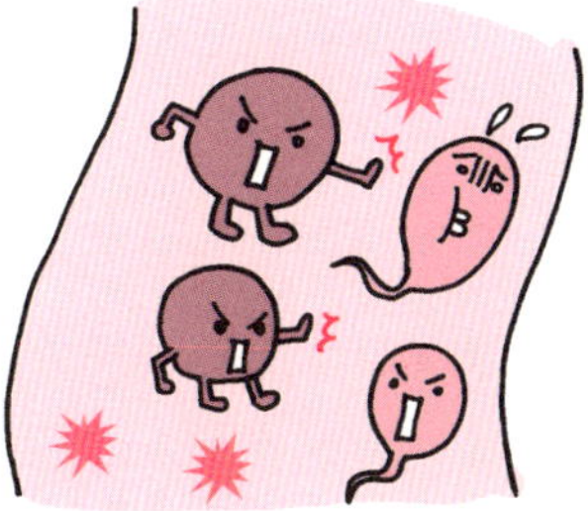

有时，精子会被识别为异物而受到白细胞的猛烈攻击。这样的话，又有很多精子被淘汰。

5 到达相遇通道

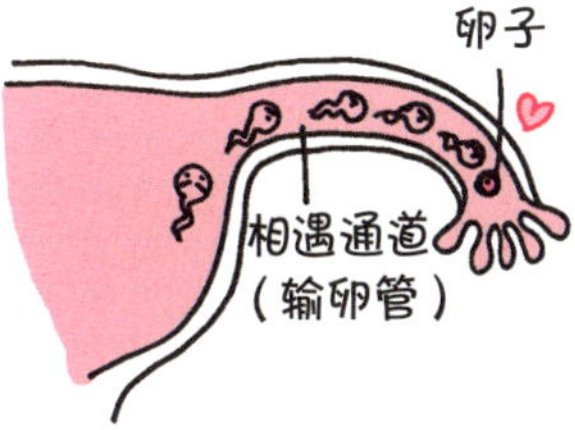

只有少数几个精子可以到达相遇通道（输卵管）。

6 一般只有一个精子可以和卵子结合

卵子受精大约需要 24 小时，奇迹般相遇的卵子和精子会在这期间结合。但是，卵子周围的透明带非常厚，只有突破透明带，精子才能与卵子结合。

7 受精卵游向软软的“小被子”

卵子和精子结合形成受精卵，受精卵会进入子宫并在软软的“小被子”（子宫内膜）上附着。但是，并不是所有的受精卵都能成功着床。

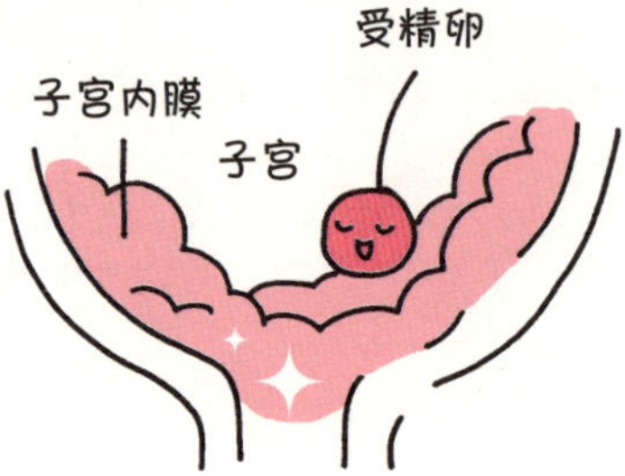

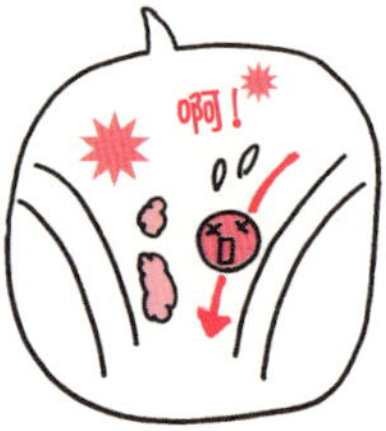

精子和卵子好不容易结合了，要是“小被子”没准备好，受精卵会被排出体外。

8 从受精卵到胚胎

受精卵不断进行细胞分裂，逐渐发育成胚胎。胚胎最初的直径约为 0.13 毫米，只有小小的针眼那么大。

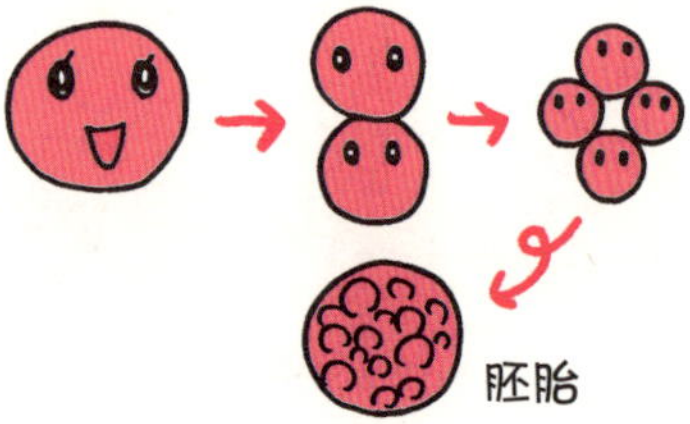

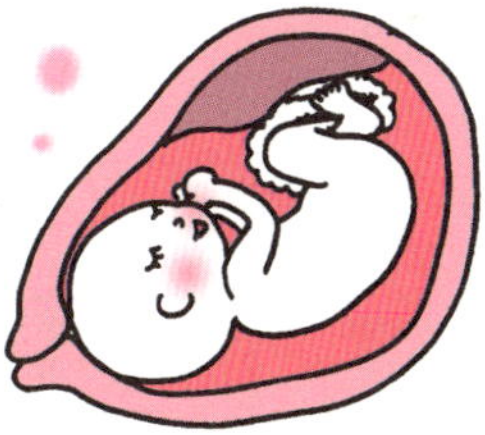

9 胎儿不断发育

胚胎经过一段时间的发育，成为胎儿。在孕期接下来的几个月里，胎儿在妈妈的肚子里，为来到这个世界做各种准备。

10 宝宝出生！恭喜，恭喜！

准备好的胎儿敲敲妈妈的肚皮，就来到这个世界上了。

妈妈和小宝宝一起努力完成了生产这件大事。生命的诞生周而复始，一个又一个的奇迹不断发生。

做一份成长年表吧！

0岁	****年 * 月 * 日（周 * ） * 时 * 分出生 妈妈经历 9 小时的阵痛才把我生出来！爸爸也见证了我的出生。我的脐带好像是爸爸剪的。小时候，我特别容易生病，动不动就发热，总让爸爸妈妈担心。我好像还不怎么喝母乳。 
1岁	刚过一岁生日，就开始学走路了。 这时候最喜欢玩积木。
2岁	有时候哭得很大声。 最喜欢出去玩啦！
3岁	进入某幼儿园。好朋友久佳就是我在那时候认识的。 第一次全家去海外旅行，去了夏威夷！
4岁	弟弟雅正出生了，他超级可爱！ 爱看动画片《光之美少女》。 ○○幼儿园
5岁	开始学习游泳。 妈妈总是陪着雅正，感觉自己有点儿孤单。
6岁	在幼儿园毕业典礼上说自己以后要成为漫画家。 升入小学一年级，交了很多新朋友。 
7岁	搬进了新的公寓。 第一次有了自己的房间，好开心！ ○○小学

你的成长过程是什么样的？什么时候发生了什么事情？把你的成长经验总结一下，做一份成长年表吧。你会变得更爱自己！

8 岁	得了肺炎，住院两星期。 晚上，爸爸妈妈轮流来医院陪我。 谢谢！	○○小学
9 岁	第二次和家人一起去海外旅行，这次去了洛杉矶。 去了迪士尼乐园。 我的一篇读后感在学校被评选为“优秀读后感”。	
10 岁	进了管弦乐队，还参加了比赛。 第一次给久佳写信。	
11 岁	参加了在某海边举行的夏令营。 晚上，同学们在海边唱歌，真开心。	
12 岁	老师组织大家做了时间胶囊。 小学毕业前，全班同学一起写了《给 20 岁的自己的一封信》。 升入中学。上初中后，学习越来越难了。 加入了田径队。大家都很喜欢 A 学长，希望我也能成为他那样受欢迎的人。	○○初中
13 岁	来月经了！在经期总是感觉很困。 在田径比赛中作为替补选手出场，这是一次很难忘的经历。	

5 年后的自己	10 年后的自己	20 年后的自己
拼尽全力学习！	朝着梦想努力。 那时候，能不能拥有一份自己喜欢的工作呢？	去巴黎留学，成为一名糕点师。

孩子们的问题 Q&A

Q **爸爸妈妈是怎么谈恋爱的？有点儿难以想象啊……**

A 看到爸爸妈妈现在过着平平淡淡的生活，你可能很难想象他们当初谈恋爱时甜蜜的样子。

你可以看一下他们以前的照片，尤其是结婚照。一边看照片，一边问问他们是怎么相遇、怎么在一起的。

Q 女性做过人工流产术后会难以受孕，这是真的吗？

A 大部分做过人工流产术的女性还是能正常怀孕并生育的。但是，也有一部分女性因人工流产术的影响而很难怀孕，并为此追悔莫及。

记住，人工流产术不是避孕措施，女性一定要采取正确的避孕措施。

Q 妈妈总是对我说：“谈恋爱对你来说还早，你现在要好好学习！”我感觉自己不被理解……

A 父母都希望自己的孩子幸福，妈妈这么说只是想要保护还是孩子的你。

你应当百分之百相信自己的妈妈，多和她聊聊自己的真实想法，也可以问问妈妈在学生时代发生的事情。处于青春期的你会产生各种各样的情绪，不要把复杂的情绪憋在心里，试着接受自己的情绪，并学会对信任的人表达自己的情绪。

多和别人分享、倾诉吧！

性是不干净的东西吗?

我可以肯定地告诉你，性绝对不是不干净的东西。因为性，人类才得以繁衍，可以说性是生命的开始。

一些大人或许想通过把性和肮脏画等号、故意不提及性等方式来保护未成年人。

不过，等你当了妈妈，我希望你能告诉你的孩子，性其实是非常美好的东西，但前提是你在正确的时间遇到了正确的人。

这个世界上的绝大多数人，都是因为他们父母相爱、结合后才出生的。所以，你要正视性，并且谨慎对待它。

结　语

感谢你读到最后。

我们谈论了很多话题，如月经、乳房发育、安全性行为等。现在，你对这些有一定了解了吗？

在心理和身体都不断成长的青春期，知道自己是怎么出生的有助于你更好地看待生命及生命的起源。

只有认认真真地了解自己的心理和身体，才能更加珍视自己。

用正确、积极的态度看待性，将来你才能把性知识坦然地教给自己的孩子。

最后，希望你能做这样一件事——对自己大声地说：“谢谢你出生在这个世界上！”

怎么样？有没有体会到一点儿幸福的感觉？爱别人固然重要，但爱自己最重要。自爱的人不会做出伤害自己的选择。

跳出自己的情绪，感知自己的成长，享受自己精彩的人生吧！

我会像你的妈妈一样一直支持你。

山形照惠